LES FRÈRES FRANCS-MAÇONS VIETNAMIENS OUBLIÉS EN INDOCHINE

TRÂN THU DUNG

LES FRÈRES FRANCS-MAÇONS VIETNAMIENS OUBLIÉS EN INDOCHINE

Du même auteur

— *Le caodaisme et Victor Hugo*, Éditions Thời Đại, 2010

— *Ôm ma ni bát mê hồng*, poésie, Éditions The gioi, 2012

— *Les Empreintes du Vietnam à travers les noms des rues en France*, Éditions Van Hoa Thong Tin, 2014.

— *Badawi de Mohed Altrad : Traduction roman de Mohed Altrad : Livre en bilingue français-vietnamien*, Éditions des Ecrivains, 2017

— *Nostalgie, compassion et la fierté*, Éditions Tổng hợp TPHCM, 2017

— *La présence des francs-maçons au Vietnam*, Éditions des Ecrivains, 2019

— *Les empreintes maçonniques dans la culture artistique*, Éditions Đà Nẵng, 2019

— *Extase, Đặc đạo*, poésies, illustration de Cong Quoc Ha, Editions Aurore, 2021

5-7, rue de l'École-Polytechnique ; 75005 Paris

www.editions-harmattan.fr

ISBN : 978-2-14-031442-1
EAN : 9782140314421

LES VIETNAMIENS ET LA FRANC-MAÇONNERIE EN INDOCHINE

Les relations entre le peuple vietnamien et la franc-maçonnerie constituent un sujet qui n'a été que très peu évoqué dans l'histoire moderne du Vietnam. Les causes tiennent à la fois à la rareté des sources matériellement disponibles et au fait que l'histoire du Vietnam du XXème siècle est centrée en priorité sur la longue lutte engagée par le pays contre l'impérialisme afin de libérer la nation des sujétions extérieures, et de construire un pays d'inspiration communiste. Durant cette période de lutte, les idéaux de la franc-maçonnerie se sont développés ; à savoir les idéaux de liberté, d'égalité et de fraternité qui découlaient des grands courants de pensée de la Révolution française laquelle était en fait une révolution bourgeoise. Cette franc-maçonnerie s'est développée essentiellement au sein de l'intelligentsia indochinoise.

Les récents travaux du Dr. Trần Thu Dung, en particulier son dernier livre, "Indochine Mystérieuse", est peut-être le travail le plus abouti à ce jour sur le sujet. Cet ouvrage est précieux pour l'exploration et la découverte du sujet. Il constitue un panorama complet de l'histoire moderne du Vietnam qui s'ajoute à la panoplie secrète de l'activité des intellectuels patriotes vietnamiens.

La plus grande révélation du livre est à l'évidence l'omniprésence des intellectuels vietnamiens au sein des instances de la franc-maçonnerie, dans les domaines de la médecine, du droit, des sciences naturelles, de l'éducation, du journalisme, des Frères maçonniques militaires, de la religion… La majeure partie des maçons figurent parmi les meilleurs, les premiers dans leurs domaines respectifs. Beaucoup sont devenus des personnages de premier plan. L'histoire retiendra en particulier l'influence voire l'origine maçonnique de la religion Cao Đài. Cette religion nouvelle dans laquelle le symbole de "l'œil suprême" est le trait plus évident a connu un développement rapide et très puissant dans le delta du Mékong,

L'idéal maçonnique constitue un point d'ancrage central pour de nombreux intellectuels patriotes vietnamiens en ce sens qu'il a tracé pour eux la voie de l'indépendance à la fois dans la coopération, puis dans la lutte contre le gouvernement colonial de la France. (Nguyễn Văn Thinh, Bùi Quang Chiêu...). Il marque aussi le point de départ de ceux qui ont choisi ultérieurement de suivre la voie communiste et de combattre militairement la France tels Nguyễn Ái Quốc, Nguyễn Văn Luyện, Phạm Ngọc Thạch.... Tout ceci démontre à l'évidence le chaos de l'histoire, et on ne peut qu'être attristé par le fait que la décolonisation pacifique du Vietnam exempte de conséquences douloureuses n'ait pu être saisie.

Le livre de Trần Thu Dung "Indochine Mystérieuse" a une grande force de persuasion grâce au rassemblement méticuleux de données authentiques et fiables concernant l'identité des maçons vietnamiens. Les informations Frères maçonniques aux membres foisonnent, même si la fiche du personnage central de l'histoire vietnamienne moderne, Nguyễn Ái Quốc a été perdue l'auteur ayant par bonheur inséré sa photo dans sa thèse de doctorat qui a été conservée par l'atelier national de reproduction des thèses en France. La cartographie des rues portant les noms des Franc- maçons indochinois au Vietnam et dans d'autres pays est détaillée dans l'ouvrage.

Ce livre, ainsi que les livres précédents de l'auteur sur le même sujet, mérite d'être salué en tant que contribution historique. Il a toute sa place dans le paysage de la recherche en sciences sociales du Vietnam et de son peuple.

Saïgon, mai 2021

HOÀNG HƯNG,

Journaliste, écrivain.

PRÉFACE

Autrefois le Vietnam était une colonie française. Situé le long d'une côte sinueuse le pays a été divisé en trois régions qui ont été fusionnées dans ce qui a formé l'Indochine qui comprenait outre le Vietnam, le Laos et le Cambodge. La colonisation française s'est étendue sur plus d'un siècle. De nombreux intellectuels vietnamiens ont nourri le désir d'accéder à l'indépendance de leur nation. Confrontés à une importante puissance coloniale qui possédait de vastes territoires à travers le monde, ils se sont alliés malgré leurs divergences, afin de libérer leur pays du joug du colonisateur. Adhérer aux valeurs de la franc-maçonnerie leur a donné les moyens et les outils de préservation de leur culture et de leur langue afin de lutter pour la liberté, l'égalité et la fraternité de manière pacifique. Certains francs-maçons ont exercé une influence spectaculaire dans cette guerre du silence. Leurs succès et leurs échecs sont devenus légendaires.

Le Vietnam a connu une histoire dramatique et douloureuse : Invasion, disparition du pays, colonisation, division, guerre. Les premiers francs-maçons vietnamiens ont été traqués, emprisonnés, assassinés. Malgré tout ils ont toujours été présents sur tous les fronts. A chaque instant de l'histoire des institutions continuent de former le terreau des éléments constitutifs d'une nouvelle société même si elles sont largement incomprises. Quelques personnes ont d'ailleurs été honorées par le pays longtemps après leur mort. Le patriotisme est une valeur centrale au Vietnam. Bien que personne n'aime la guerre, celle-ci est parfois nécessaire. Une guerre dont le but est de défendre l'indépendance nationale est une guerre légitime et honorable.

Les Franc-maçons notamment ainsi que de nombreux intellectuels de cette époque ont démontré chacun à leur manière leur attachement pour le pays.

Tout pour la liberté et l'indépendance nationale. C'était l'engagement de la majorité des premiers frères de la franc-maçonnerie indochinoise naissante. Ils ont vécu et combattu toute leur vie pour leur idéal de Liberté, d'Égalité et de Fraternité. Leur engagement caritatif s'est transformé en légende.

Le livre peut manquer d'informations concernant ceux qui ont vécu de l'autre côté du 17e parallèle. Afin de combler ces insuffisances, les lecteurs sont invités à apporter des informations complémentaires.

Sincères remerciements.

PREMIÈRE PARTIE :

QUELQUES NOTIONS SUR LA FRANC-MAÇONNERIE

I.1 POURQUOI CETTE DENOMINATION EN VIETNAMEN "TROIS POINTS "

1. **La Franc-maçonnerie** (FM) :

La franc-maçonnerie est née en Europe au début du XVIIIème siècle (1717 en Angleterre). Les colons français ont apporté avec eux et introduit en Indochine les notions de lumière et de liberté. Les Vietnamiens qui ont rejoint une "loge " à cette époque ont été les premiers à intégrer la franc-maçonnerie. Avant l'époque coloniale, le concept de franc-maçonnerie était inconnu au Vietnam.

La franc-maçonnerie repose sur un ensemble de valeurs qui défend les 3 notions que sont la liberté, l'égalité et la fraternité. En français, la Franc-maçonnerie est aussi appelée "Société des Vrais Bâtisseurs", en anglais elle est appelée tout simplement "Société des francs-maçons". Ces appellations sont souvent abrégées en "FM" dans les deux langues, suivies de trois points en forme de triangle. A l'origine, les termes anglais sont apparus les premiers. La première et principale loge maçonnique a été fondée au 17ème siècle en Angleterre. A cette époque de nombreux Français vivaient en Angleterre. Il existe d'ailleurs une région française, la Bretagne qui lorsqu'elle est précédée du mot "Grand" désigne l'Angleterre autrement appelée la Grande Bretagne. La région française de Bretagne est située à environ1 heure de mer des côtes anglaises. De nombreuses îles françaises ont été occupées par la Grande-Bretagne.

Victor Hugo, est un écrivain français mondialement connu pour ses œuvres humanistes, où sont exaltées la liberté, l'égalité et la fraternité. En tant qu'opposant au gouvernement il a été exilé sur l'île Guernesey, île Anglo- Normade qui bien que République autonome dépend de la couronne britannique. La Grande-Bretagne et la France étaient puissantes grâce à leur flotte. La franc-maçonnerie en Angleterre a donc été à l'origine de la maçonnerie anglaise et de la maçonnerie française. Le philosophe célèbre Montesquieu convaincu par Newton est devenu franc-maçon en Angleterre. Par la suite la franc-maçonnerie française s'est détachée de la franc-maçonnerie britannique, adoptant le nom de Franc-maçonnerie, FM en abrégé, dont le sens est identique La maçonnerie française est une véritable association de fondateurs sincères et honnêtes dont les membres expriment clairement l'aspiration essentielle de l'homme, à savoir la liberté. Le mot anglais "Free" signifie d'ailleurs liberté.

La FM est vue comme une association secrète empreinte mystère qui utilise des signes, des mots de passe régulièrement modifiés en suivant les périodes.

Les intellectuels vietnamiens ont traduit de manière créative et intelligente le mot "franc-maçonnerie" en vietnamien: "Trois Points", du fait que l'association respecte les trois critères de Liberté - Égalité - Fraternité et un rituel particulier : par exemple le fait que dans les "tenues" (réunions de francs-maçons), les ouvertures et fermetures de celles-ci sont ponctuées par 3 coups de maillet frappés sur un plateau de bois qui rappellent le symbole des trois points en forme de triangle qui illustre les écrits maçonniques…

I.2.LOGO.

Les franc-maçons prétendent être les bâtisseurs d'un nouvel ordre. L'Équerre et le compas, le fil à plomb...sont les principaux outils symboliques représentatifs de la franc-maçonnerie. Ce sont les outils de base d'un architecte talentueux qui construit des temples et des palais grandioses à travers le monde tels le marteau et la faucille, symboles du parti communiste. La FM valorise la liberté, en ce sens que chaque loge est libre de créer et de décorer à sa guise, à condition de respecter bien entendu certaines règles de base (équerre – compas – triangle- œil – nids d'abeilles etc. L'ensemble de la décoration, et la construction des édifices et bâtiments dépendent du talent des architectes.

Photo : Symboles caractétistiques visibles dans une loge

Maçonnique :l'œil, le compas et l'équerre ; la lettre G pour géomètre c'est-à- dire mathématicien.

Le triangle représenté par trois points en forme de triangle équilatéral symbolise le triptyque : Liberté - Égalité-Fraternité ; Liberté - Justice - Humanité ... L'œil est l'illuminateur de tout. Il symbolise la clarté, la vigilance et la sagesse. La lumière vient de la sagesse. Sous cet œil attentif se trouvent le compas et l'équerre. Les FM s'identifient à des bâtisseurs qui sont en train de construire un nouveau monde magnifique tel un château ou un palais. Le monde se magnifie et devient attractif selon le talent de l'architecte maitre d'œuvre. En haut est située la lettre G, la Géométrie à la française, la géométrie dans l'espace. Dans la franc-maçonnerie française, la lettre G correspond au guide, elle désigne le mot "God" c'est-à-dire Dieu ou autrement dit le Grand Architecte de l'Univers, le G.A.D.L.U.

La Grande Salle du Dharma du bouddhisme et de l'indouisme, la lettre G, représente dans le même sens le grand maître de la géométrie, celle qui contrôle l'univers. En anglais il s'agit de Dieu. Les frères maçonniques discutent souvent de l'existence de Dieu dans l'univers. De nombreux intellectuels dans le monde entier sont également concernés par cette question. La pièce célèbre "En attendant Godot" écrite par le dramaturge Samuel Beckett (1906-1989) a soulevé le problème de l'attente absurde et désespérée du dieu invisible (est-ce bien de Dieu qu'il s'agit ?) qui ne vient en définitive jamais...

Tout dans la vie est absurde. Ce concept a généré la prémisse de l'idée de séparation de la religion et de l'État. Cette notion a été à l'origine du fait que la France a été le premier pays à abolir la monarchie, à bâtir une république libre, indépendante de l'Église et du régime monarchique à appliquer le principe de laïcité en matière d'éducation. Cette évolution a entrainé une modification de la position de la franc-maçonnerie vis-à-vis de la religion. En fait, les frères maçonniques français considèrent la symbolique de la lettre "G" comme la représentation du suprême architecte cosmique sous l'œil duquel les humains contrôlent et décident. L'univers entier est un immense palais. Afin de construire un équilibre cosmique, l'humanité doit maîtriser la géométrie et posséder les deux outils de base que sont l'équerre et le compas. Deux mains jointes symbolisent la fraternité universelle. La feuille d'acacia symbolise l'immortalité. Qu'il neige, que le soleil soit brûlant, l'acacia même coupé voit des bourgeons repousser. Ses racines se répandent, s'étendent partout, ses fleurs sont très parfumées. Les Frères maçonniques espèrent qu'il diffusera pour toujours et à tous les vents les fleurs de la fraternité humaine.

1.3.LA FRANC-MAÇONNERIE (FM) ET LE PARTI COMMUNISTE (PC)

Cette partie ne traite que des relations entre le Parti communiste indochinois et la FM indochinoise à l'époque où le Vietnam était une colonie française. Il convient tout d'abord de préciser que la FM n'est pas un parti politique ou une religion. En respectant la liberté religieuse et la liberté politique de chacun, elle attire des personnes de tous d'horizons. La FM n'impose ni idéologie, ni dogme. Elle applique la devise Liberté-Egalité-Fraternité.

Le point commun entre la FM et le Parti communiste est que les deux organisations défendent le triptyque Liberté - Égalité - Fraternité. Les prétendants (ou "impétrants") à l'admission en franc-maçonnerie sont interrogés par 3 enquêteurs successifs afin de vérifier la sincérité de leurs intentions. Cette admission est conditionnée à la présentation d'un casier judiciaire vierge. Cependant, pendant la période coloniale, le parti communiste exigeait que ce critère soit rempli car certains des défenseurs de la lutte contre l'oppression, favorables à l'indépendance avaient pu être arrêtées, emprisonnées ou condamnées par les autorités françaises.

Le PC quant à lui, suivant la période, exigeait des conditions différentes. Les conditions d'adhésion au PC du Vietnam était totalement différentes selon que l'on se situait avant 1945, après 1945 ou 1954, après 1975, ou même de nos jours. Les dificultés rencontrées afin de satisfaire aux idéaux communistes du Vietnam au début du XXème demandant beaucoup de courage et d'esprit de sacrifice en faveur de la cause pour l'indépendance nationale, les communistes étaient prêts à subir de lourdes condamnations allant de l'emprisonnement à la condamnation à mort.

Il en va de même pour les francs-maçons. Durant la seconde guerre mondiale, de nombreux dignitaires ont été exécutés. Le gouvernement collaborationniste de Vichy, dont le slogan était "travail, famille, patrie", devise inspirée par les idées des nazis, a conduit de nombreux membres de la FM dans les camps de concentration ; Au Struthof notamment entre 1941 et 1944. Beaucoup n'en sont jamais revenus. De nombreux "Frères" ont participé à la Commune de Paris et sont morts comme les communistes ultérieurement, pour la liberté et l'égalité. Tous les ans le PC et la FM française organisent une visite et déposent des gerbes sur les tombes des morts de la Commune de Paris au cimetière du Père Lachaise à Paris. Des francs-maçons de toutes obédiences s'y rassemblent le 1er mai devant le mur des Fédérés où a été érigé un monument commémorant le martyr de ceux qui sont tombés pendant la Commune de Paris et durant la seconde guerre mondiale. Les membres du PC et les francs-maçons chantent ensemble l'Internationale pendant la commémoration. L'auteur des-paroles de ce chant où l'on peut entendre les paroles suivantes "Debout ! Debout ! Les damnés de la terre ! Debout ! Les forçats de la faim ! .../ C'est la lutte finale/ Groupons-nous et demain/ L'Internationale sera le genre humain..." s'appelait Eugène Pottier (1816-1887), et était aussi un franc-maçon de la Rite Ecossais[1] la musique ayant été composée par Pierre Degeyter (1848-1932).

Fait intéressant, Pierre Degeyter est un musicien-travailleur. Il a toujours soutenu les communistes. Lorsque le parti socialiste et le parti communiste se sont séparés, il a suivi le parti communiste. Il est resté célèbre pour cette chanson qui est devenue "l'hymne international" des travailleurs du monde entier essentiellement dans les pays du camp socialiste. L'auteur a eu l'honneur d'être invité par Staline en URSS en 1927 pour assister à la célébration de la révolution d'Octobre de 1917 en Russie. Ce chant a été écrit par un communiste et un franc-maçon.

Les communistes chantent l'Internationale devant le mur des fédérés afin de commémorer la Commune de Paris et la grande plaque de Georges Marchais – ancien président du parti communiste.

[1] (Eugène Pottier franc-maçon - Wikisource)

Rassemblement de Francs-maçons devant le mur des Fédérés au cimetière du Père Lachaise le 1er mai 2019 (photo prise par l'auteure)

La première abolition de l'esclavage au monde a été proposée par les membres de la FM. Victor Schoelcher, journaliste, écrivain, homme politique, un F. de la loge "Amis de la vérité", à Paris, n'a cessé de se battre pour la libération des esclaves. Il est l'auteur de nombreux livres et articles sur le sujet. Lorsqu'il a été nommé secrétaire national général adjoint aux affaires d'outre-mer et coloniales. Il a joué un rôle déterminant dans l'approbation de la première décision d'abolition de l'esclavage en Guadeloupe (22 août 1848) avant de continuer dans une autre colonie.

Le Parti communiste a lui aussi toujours lutté pour les pauvres, exigé l'abolition de l'esclavage et l'émancipation des colonies.

Des œuvres de grands écrivains Francs-Maçons défendent la lutte pour la liberté et l'égalité, pour la lutte contre la pauvreté, tels Alexandre Dumas-père dans les "Trois mousquetaires", Charles Dickens, "David Copperfield", John Steinbeck dans "Les raisins de la colère", Mark Twain dans "Les aventures de Tom Sawyer", Pouchkine dans "La fille du capitaine"… Leurs ouvrages ont été largement promus par les communistes. Ces œuvres humanistes ont été traduites dans de nombreuses langues et ont fait l'objet de nombreuses réalisations théâtrales ou cinématographiques.

La différence entre la FM et le PC résulte du mode sélection des membres et du fait que le montant de la capitation maçonnique est très élevé. De plus les communistes recrutent un nombre de chômeurs ou de personnes sans qualification non négligeable. À titre d'exemple, un membre du Parti communiste français ne paye actuellement qu'environ 20/35 euros par l'an à titre de cotisation, tandis que le membre d'une loge maçonnique doit s'acquitter d'une cotisation 15 à 20 fois supérieure, soit 300/500 euros par an. Il est difficile pour les à petits revenus de rejoindre la FM. La FM exige de ses membres qu'ils présentent des "planches" afin d'augmenter leur "salaire". Ces notions signifient qu'il existe une exigence de niveau lié à une amélioration constante des connaissances. Il est très dfficile pour les personnes peu éduquées ou peu qualifiées d'accéder à la FM qui n'admet d'ailleurs que difficilement les handicapés tels que les aveugles, les sourds, etc., bien qu'elle soit disposée à soutenir et à aider, et à diffuser leurs besoins. Les Vietnamiens qui voulaient donc entrer en FM pendant la colonisation devaient avoir une bonne maîtrise du français. Ce seul critère excluait automatiquement les pauvres, les chômeurs... Des frères maçonniques ont été contraints pour des raisons financières liées à la forte hiérarchisation des classes sociales, de quitter la FM. C'est pour ces raisons que Hồ Chí Minh a quitté la FM pour rejoindre le communisme en Russie, où en 1917 le PC avait pris le pouvoir. Les membres de la Franc-maçonnerie s'appellent entre eux Frères et Sœurs maçonniques alors que l'appellation des communistes est "camarade". Les Frères et Sœurs maçonniques sont considérés comme faisant partie d'une grande famille dont les liens sont en conséquence limités à la famille. Le vocable camarade signifie que l'amitié ouverte à tous.

Le PC est un parti de masse classes confondues. Pendant la période coloniale française, le parti communiste vietnamien a appelé l'ensemble du peuple sans distinction de classe à lutter pour l'indépendance. Durant cette période la plupart des détenus ont suivi les communistes. Le but du parti communiste étant l'indépendance nationale les patriotes anti-français ont tous soutenu cet idéal d'indépendance.

Après 1945, principalement après 1954, la FM indochinoise s'est dissoute lorsque le Vietnam a accédé à l'indépendance. Ses membres étaient accusés d'être pro-français ou d'être des supports des colons et des petits bourgeois.

La franc-maçonnerie comme parti communiste promeuvent la laïcité. Pourtant la FM n'impose pas la doctrine maçonnique à l'école. A l'inverse le parti communiste diffuse sa doctrine, et exalte l'idéologie communiste partout. La franc-maçonnerie est le défenseur actif de la laïcité dans l'éducation. Elle œuvre pour la conscience de soi et la découverte de soi chez les étudiants ne faisant aucune propagande maçonnique dans les écoles.

La FM a fonctionné secrètement tout comme le PC indochinois, pendant les années de pré-révolte. Après 1954, le PC vietnamien s'est développé au grand jour dans le système éducatif, alors que la maçonnerie a conservé la tradition du secret. La FM indochinoise a d'autre part été affaiblie à partir de 1941 du fait de la répression du gouvernement pronazi de Vichy, qui a arrêté et confisqué ses biens.

Après 1954, aussi bien dans les écoles que dans les autres domaines dans des pays socialistes, le PC a mis en place des organisations et des syndicats partout où il le pouvait. Les enfants portent le foulard rouge, les jeunes portent les pins de la jeunesse communiste… Ne pas appartenir à cette organisation est une honte et la personne non affiliée, considéré comme se conduisant mal n'est pas admise à l'université.

La FM respecte en toutes circonstances la liberté de croyance et d'opinions politiques.

Le PC défend la liberté l'égalité et la fraternité mais ne tolère pas les opinions opposées.

Après 1945, certains maçonniques frères ont rejoint la SFIO (La Section française de l'Internationale ouvrière), l'association internationale des travailleurs français fondée en 1905, prédécesseur du parti socialiste. Certains ont rejoint secrètement la FM avec l'espoir de développer un réseau en Indochine comme Caput Louis. Cet enseignant a rassemblé entre 30 et 75 membres principaux dont des franco-vietnamiens tels que Trần Văn Lai, Thẩm Hoàng Tín, Hoàng Minh Giám, Vương Đình Hòe, Phan Anh… Ces membres ont plus tard soutenu Hồ Chí Minh, ou Ngô Đình Diệm. La SFIO a attiré de nombreux Vietnamiens appartenant à l'élite. Ajoutons que le parti socialiste indochinois comprend des leadeurs qui sont des membres influents de la SFIO. Le parti socialiste défend lui aussi la devise : Liberté, Egalité, Fraternité. Après 1954, le parti socialiste s'est progressivement affaibli parce qu'il n'admettait plus de nouveaux membres. En 1988, le siège du parti socialiste à Hanoi a été complètement dissout.

L'auteure a visité l'ancien siège du parti socialiste indochinois situé, 53 Nguyễn Du, Hà Nội. Actuellement il y a seulement le panneau indiquant : ancien siège du parti socialiste depuis l'ouverture en 1988.

Les colons français ont également participé à la FM indochinoise. C'est pourquoi les frères maçonniques vietnamiens ne pouvaient pas réclamer ouvertement l'indépendance comme les communistes. Une politique de coexistence pacifique entre la France et le Vietnam en Indochine a été promue et exaltée par les frères maçonniques afin d'éviter un conflit sanglant. Cependant le Viet Minh a repoussé cette option. Les frères maçonniques se sont donc divisés lors de la révolution d'août 1945. Malgré tout, les frères maçonniques ont toujours conservé le désir de réussir la décolonisation. Certains se sont ralliés à la résistance. La plupart étaient responsables de partis politiques en Indochine. Avec le Việt Minh l'alliance des partis pour l'indépendance nationale l'a emporté.

Certains frères maçonniques tout comme le parti communiste partageaient le même idéal universaliste et anticolonial. En janvier 1933, Pierre Brocheux a réussi à réuni 350 personnes lors d'un Congrès maçonnique en France qui a été conclu par la signature d'une lettre dite "des captifs d'Indochine". Ces frères maçonniques ont promu le développement des valeurs de la civilisation européenne dans les colonies en permettant aux enfants autochtones d'aller à l'école. La FM a pour but de construire un "Nouvel Ordre Mondial" basé sur la fraternité et la justice. Parallèlement au mouvement anticolonial, la franc-maçonnerie a des idées progressistes convenant aux frères maçonniques d'origine vietnamienne, dont les valeurs ont attiré les intellectuels.

S'agissant d'une association ouverte aux idées diverses et progressistes la FM n'écarte pas les sympathisants communistes. Bien que la FM ait été jugée comme une organisation servant les intérêts de la France, certains intellectuels patriotes vietnamiens sont entrés dans ses rangs dans l'espoir de la libération du Vietnam par la diffusion de ses idéaux d'égalité et de fraternité.

I.4. LA SELECTION ET LE CONFLIT DANS L'INTELLIGENTSIA INDOCHINOISE

I.4.1 Le conflit culturel

Les loges maçonniques qui dès l'origine ont été ouvertes par les colons frères maçonniques expatriés ne voulaient pas admettre de vietnamiens pour des raisons prétendument de langue. En fait, la raison fondamentale était la séparation la distinction entre colons et indigènes.

Selon l'unique critère linguistique, la FM initiait les intellectuels indochinois uniquement au vu de leur bonne maitrise de la langue française. Elle souhaitait de plus, bénéficier de cette éduquée, occasion pour elle de former de "fidèles serviteurs" du colonisateur. Les Indochinois candidats à la Franc-maçonnerie n'ont pu être affiliés qu'au début du XXe siècle lorsque le gouvernement colonial de l'Indochine a publié en 1919 un décret abolissant les conflits d'influences chinoises et les dispositions rendant obligatoire l'utilisation du français dans les établissements français. Ce décret a eu pour effet de créer une classe d'intellectuels pro-occidentaux. Ses membres ont été éduqués dans les écoles françaises et ont été influencés par la culture démocratique libérale française. Des pensées de Voltaire, J.J. Rousseau, Montesquieu, Victor Hugo ...ont suscité au sein de cette classe un désir implicite d'indépendance et de liberté de la nation vietnamienne. A l'origine les colons français eux-mêmes constituaient un obstacle en ce sens qu'ils s'inquiétaient de la possibilité de voir se développer des idées révolutionnaires au sein de l'intelligentsia vietnamienne.

A la fin du XIXe siècle, la franc-maçonnerie était influente en France. Le ministre des Colonies était franc-maçon. Les gouverneurs et de nombreux cadres français installés en Indochine étaient francs-maçons. Il existait 12 loges en Indochine. Certains affiliés vietnamiens avaient été initiés en France et étaient rentrés au pays. Le but des frères maçonniques vietnamiens était évident : ces intellectuels considéraient que la Fm était l'association la plus progressiste en matière de défense des droits de l'homme et de l'égalité. Ils aspiraient à la liberté au sein de leur nation et à l'égalité entre colonisateurs et colonisés. Certains intellectuels qui faisaient leurs études en France se sont joints à l'association tels Cao Triều Phát, Trịnh Đình Thảo, Nguyễn Ái Quốc, Bùi Quang Chiêu, Nguyễn Văn Khải ... Dans l'Indochine de l'époque certains intellectuels, journalistes et écrivains de renom ont été initiés afin de voir représentés les idéaux de liberté, d'égalité, de fraternité, comme Phạm Quỳnh, Nguyễn Văn Vĩnh ...

De plus la franc-maçonnerie respecte le multiculturalisme. Pour les intellectuels vietnamiens, c'était le lieu idéal où continuer à conserver une identité nationale. Un certain nombre d'intellectuels vietnamiens et quelques frères maçonniques français ont fondé des loges aux noms à connotations indochinoises tel que "Confucius" au Tonkin en1929 et "la loge Confucius" en Cochinchine en 1925. Ces deux loges ont été fondées avant la fondation des partis politiques vietnamiens, notamment celle du Parti communiste qui date de 1930 Parmi les frères maçonniques responsables de ces partis figurent Hoàng Minh Giám, Tạ Thu Thâu, Trịnh Đình Thảo…

La majorité des Indochinois y compris ceux qui étaient enrôlés de force dans l'armée coloniale aspirait à l'égalité et à la liberté. Certains soldats envoyés dans les îles françaises entraient dans la FM afin d'y développer les idées de ~~la~~ liberté, d'égalité, de fraternité et pour militer en faveur de la libération de leur peuple opprimé. Nguyễn Công Hưởng en est un exemple. Né en 1869, selon les archives du gouvernement colonial, il a été interprète dans l'armée et envoyé à Saint Laurent du Maroni en Guyane le 17 décembre 1904. En 1915, il a rejoint la FM de Guyane où il mourut en 1919. Lorsqu'il était traducteur en Guyane, de nombreux patriotes vietnamiens furent déportés dans l'ile. Les autorités françaises avaient besoin de lui pour ramener à la raison les prisonniers indochinois patriotes. Selon l'historiographie du début du XIXe siècle, des patriotes indochinois ont suivi les insurgés, tel Hoàng Hoa Thám et Nguyễn Thái Học qui furent tous les deux décapités par les Autorités Françaises. De nombreux opposants ont été déportés vers la Guyane et la Réunion dans les années 1910. La vision de ses compatriotes emprisonnés, déportés torturés et tués pour défendre la liberté du pays, qui de surcroit étaient obligés d'aller dans une jungle dangereuse pour chercher de l'or et construire des ponts l'a marqué… Il ne pouvait pas ne pas éprouver de compassion pour ses compatriotes. Après 10 ans de travail en Guyane, il a rejoint la FM. Il est décédé 5 ans plus tard.

De nombreux patriotes expulsés vers la Guyane–ont été dans l'incapacité de rentrer au Vietnam. Ils ont vécu sur place avec les habitants jusqu'à la fin de leurs jours.

S.M.R.

Nom DANG CONG HUONG Prénoms : Prof. interprète anamite

Adresse : SAINT LAURENT (Guyane Française)

Né 1 novembre 1869 à LONG DUI DONG CHILONG (Cochinchine)

Loge : "UNION GUYANAISE" Or. de ST. LAURENT DU MARONI Obéd. : G.O.

Grade : 3°

Atel. Sup.

Fonctions dans la Loge

Conseils Maç.

Initiation le A.12.5.1915 C.12.2.1916 M.12.2.1916

Sortie le en 1918/1919 Loge Union Guyanaise Motif décédé

le Loge

Réint. le

Affiliations Or. de Ob. le

Or. de Ob. le

Or. de Ob. le

F.E.A.

Références :

Fiche maçonnique de Đặng Công Hương affilié à la loge "Guyane"

Nghĩa quân Đề Thám ở cảng Alger trước khi bị đày đến Guyane

Photo : les insurgés au port d'Alger avant leur départ en Guyane

Le roi Duy Tân a participé à la FM dans l'île de la Réunion. Il avait rejoint l'armée française. Si Certains Indochinois ont été contraints de participer à la guerre pour défendre "leur patrie mère" certains se sont cependant engagés volontairement… Le prince Vinh San s'est engagé dans l'armée française alliée, dans les FNFL (forces navales françaises libres) pour la lutte contre le nazisme. Du grade de sous-lieutenant il a été promu au grade de, lieutenant puis capitaine, enfin commandant. Il a reçu la médaille de la résistance en mars 1945. Rejoindre l'armée française n'est pas considéré comme une trahison à l'encontre de son propre pays. Le roi Duy Tân, jeune roi patriotique a par ailleurs soutenu le Vietnam Résurrection (Việt Nam Quang Phục) contre les Français. Ayant refusé de coopérer avec le gouvernement colonial, il a été expulsé vers la Réunion où il a soutenu les mouvements de résistance française contre l'Allemagne nazie.

La complexité et les contradictions internes du peuple vietnamien sont très claires. C'est une des raisons qui explique l'origine de la naissance de la religion Cao Đài (voir ci-dessous).

Des personnes travaillant pour la France, collaborant avec les Français, qui sont donc classées comme pro-françaises, ne sont-elles pas des patriotes ? La population devait avant tout survivre. Ceux qui s'opposaient au gouvernement colonial ont été exilés, emprisonnés, tués. Les contraintes de l'époque étaient peu compatibles avec les rêves d'indépendance. Le prince Duy Tân n'a pas–t-il pas été hésitant lorsqu'il a rejoint la coalition antifasciste ? Coopérer avec la France, c'est aussi coopérer avec l'ennemi qui envahit son pays et l'a condamné à l'éxil. Le roi Duy Tân était-il un vrai patriote ? Le patriotisme s'exprime de plusieurs façons. Il ne consiste pas seulement en une confrontation directe avec les colonisateurs. La culture est aussi une arme pacifique pour réclamer l'indépendance. Utiliser habilement cette arme pour survivre nécessite beaucoup de finesse et d'intelligence. Cette complexité parsème l'aventure spectaculaire des premiers frères maçonniques indochinois, ainsi que celle de ceux qui ont participé "l'avant- révolution".

I.4.2. ARMES MULTI-CULTURELLES.

Les frères maçonniques intellectuels indochinois disposaient d'une arme puissante que les Français eux-mêmes avaient été obligés de leur procurer même si c'était une épée à double tranchant. La majorité de ces frères maçonniques étaient des êtres brillants, dotés d'une grande culture d'une excellente maitrise de la langue française : ainsi étaient Nguyễn Văn Vĩnh, Phạm Quỳnh, Trần Trọng Kim... Non seulement ils parlaient couramment le français, mais comprenaient également parfaitement leur langue et leur culture. Ils ont été éduqués dans des familles de culture confucéenne, structurées par un important héritage féodal. La conciliation et l'harmonie entre les deux cultures a été réalisée grâce à eux.

Le choc des cultures au Vietnam, celle de l'Occident et celle de l'Orient a été puissant. La culture française est intrinsèquement une culture forte dans le monde. Les Français colons voulaient détruire la culture indigène. Ceci explique le mécontentement de la grande majorité des intellectuels vietnamiens. Cette politique de l'Occident qui affiche son mépris pour la culture du Vietnam est une façon "d'inférioriser" l'intelligentsia en particulier, et le peuple vietnamien en général. Cette classe d'intellectuels exige que sa culture nationale soit impérativement au même niveau que la culture française et protège l'honneur de l'individu et de la nation. A cette époque, la majeure partie de la population est pauvres, sans instruction, analphabète. La priorité est de promouvoir l'éducation et la culture pour l'ensemble de la population. La promotion de l'étude de la langue nationale comme moyen d'accroître les connaissances et comme vecteur de préservation de la culture était un objectif majeur qui était aisément accepté par le gouvernement colonial.

Le bilinguisme franco-vietnamien constitue une voie de passage importante entre les cultures française et vietnamienne. En revanche, l'utilisation de cette classe sociale aiderait la France selon elle à mieux pacifier l'Indochine et serait constitutive d'une stratégie de long terme exploitant des travailleurs à bas cout. De plus, les colons Français faisaient davantage confiance à ces personnes bilingues qu'à l'ancienne intelligentsia mandarine malgré le fait qu'ils étaient effrayés par cette intelligentsia, laquelle pas souhaité la présence de la France au Vietnam. La réaction féroce à l'encontre du christianisme au Vietnam au début du 19e siècle, a prouvé le rejet de la religion occidentale. La France s'était d'ailleurs servie du prétexte de la protection du christianisme pour envahir le Vietnam.

Réalisant la puissance de la culture vietnamienne de ces intellectuels éduqués, la France a adopté une politique de formation des enfants afin de les fidéliser et de les rendre dociles à la patrie. Le gouvernement colonial a autorisé les étudiants indochinois à étudier à l'étranger grâce à des bourses ou à des moyens de financements privés.

Certains intellectuels vietnamiens de France, ont été initiés à la FM en raison de leur désir d'égalité, lorsqu'ils ont compris que la classe intellectuelle de leurs parents était en train d'être neutralisée en Indochine. Ces "éduqués " sont revenu et ont continué à se battre pour l'égalité. Malgré une importante résistance de certains francs-maçons français, la diaspora d'Indochine a finalement été forcée d'intégrer des membres autochtones. Ces nouveaux affiliés ont formé le noyau de la restauration nationale en élevant le niveau intellectuel du peuple.

L'initiation des Français d'origine vietnamienne n'a pas été facile.

La naturalisation et l'initiation des membres d'origine indigène est une question abordée par le F. Varenne qui a adressé une lettre au siège de la maçonnerie en France. Selon lui, l'admission et la naturalisation des autochtones amèneront l'intégration d'enfants fidèles à la France dans des réalisations favorables à lui seront favorables. La consolidation du gouvernement de protectorat et l'utilisation des peuples autochtones ont été mises en place, lorsqu'Albert Serrault a signé le décret d'abolition totale de l'ancien examen en 1917. Des intellectuels vietnamiens d'importance exceptionnelle ont été visés par le gouvernement colonial.

Cependant, le problème de la sélection et des conditions est strict. Si le père acquiert la nationalité française, sa femme et ses enfants peuvent en bénéficier. Etrangement dans le cas où un père français de nationalité française a un enfant avec une femme vietnamienne ...Si les deux parents ont la nationalité française, sont-ils considérés comme égaux avec les Français dans tous les domaines ? Cette question a été posée à l'obédience du GODF, ce qui démontre que la devise "égalité et fraternité" est difficile à respecter dans un pays colonisé, ainsi qu'entre les colons et les colonisés.

L'inégalité, la jalousie vis-à-vis des indigènes cultivés ont creusé un fossé entre les frères maçonniques. Les colons parlaient couramment leur français natal mais rédigeaient des documents moins bien que certains indochinois tels que Phạm Quỳnh, Nguyễn Văn Vĩnh, Phạm Huy Lục ... Certains sont allés en Indochine parce qu'ils aimaient l'aventure et ont plutôt fait leur service militaire. Lorsque Phạm Huy Lục a été élu responsable de la loge Confucius, il a rencontré l'obstruction des frères maçonniques colons qui ont adressé des lettres à ce sujet au GODF. Bien qu'exilé en France Phạm Huy Lục a toujours gardé la nationalité vietnamienne. Le premier Frère Vietnamien à présider une activité maçonnique avec la présence des frères maçonniques français, était une épine dans le pied de certains colons arrogants qui méprisaient les indigènes. La distinction entre peuples autochtones et français colons était évidente même au sein de la FM.

La lutte pour une égalité véritable est une lutte longue, patiente et déterminée que le peuple vietnamien vivant dans un pays colonisé a mené. En Cochinchine, Cognacq gouverneur général de la Cochinchine, un Frère, a créé "une association d'entraide non religieuse" avec le soutien du gouverneur général d'Indochine Maurice Long et de Charles Goupillon, frères maçonniques de la loge "*Ruche orientale*" Il a été soutenu activement par de nombreux intellectuels vietnamiens comme Nguyễn Văn Của, Bùi Quang Chiêu, Nguyễn Văn Thinh. Charles Goupillon a à l'origine suggéré de ne pas accepter les membres féminins et autochtones. Il a finalement dû s'incliner devant la lutte des frères maçonniques progressistes français et vietnamiens. L'Association "*d'entraide laïque*" est en fait une association organisée par la FM. Le but de l'association est clairement énoncé dans le rappel de la notion de "laïcité" qui est toujours évoquée lors de chaque tenue.

PARTIE II :

LOGES DE LA FRANC-MAÇONNERIE EN INDOCHINE

1. LA SITUATION GÉNÉRALE

Le 6 juin 1884 la dynastie Nguyễn est contrainte de signer le traité Patenôtre à Hué avec la France qui est représentée par Jules Patenôtre. Le Vietnam a été divisé en trois zones avec trois gouvernements différents. La Cochinchine étant déjà considérée comme une colonie française, l'Annam et le Tonkin sont devenus des protectorats de la France. La dynastie Nguyễn a obtenu le droit de représenter le Tonkin et l'Annam mais elle n'était en réalité, qu'une dynastie affaiblie sans pouvoir réel, les provinces étant dirigées par la France.

En 1887, l'Indochine française a été établie. Durant cette période, de nombreux francs-maçons ont occupé des postes importants. La liste des gouverneurs d'Indochine comporte de nombreux francs-maçons : Jean Antoine Ernest Constans (16 nov. 1887- 04 sept. 1888), Paul Doumer (13 fév. 1897- oct. 1902), Jean Baptiste Paul Beau, (15 oct. 1902 - 5 juin 1908), Antony Wladislas Klobukowski (24 septembre 1908 - 31 mai 1911), Maurice Long (20 février 1920 - 15 mars 1923). Martial Henry Merlin (10 août 1923 - 27 juillet 1925), Alexandre Varenne (18 nov. 1925 - 18 nov. 1928) etc. ; 18 gouverneurs sur 23 étaient francs-maçons. Dix d'entre eux ont occupé un poste temporaire pendant de brèves périodes, dans l'attente de la nomination du nouveau gouverneur par le gouvernement. Au total, sur 22 gouverneurs officiellement nommés, 15 étaient francs-maçons, soit un ratio de 69 %. Sur les huit hauts-commissaires, six étaient francs-maçons (75%). Tous les commissaires généraux (4) étaient francs-maçons, et au cours de la période d'invasion et d'occupation avant la répression de la Cochinchine de 1858 à 1879, 9 gouverneurs militaires sur 16 soit presque 60%) étaient des francs-maçons. On aurait pu dire que l'Indochine était un territoire maçonnique, compte tenu du fait que la majorité du personnel d'encadrement de l'administration gouvernementale indochinoise était maçonnique.

Afin de consolider la colonisation, la franc-maçonnerie française a commencé à s'établir dans d'autres colonies comme le Sénégal, le Maroc, la Tunisie, etc. L'Indochine était l'une des cibles d'implantation privilégiées de la franc-maçonnerie afin que les francs-maçons pionniers (officiers, clergés, hauts fonctionnaires) se trouvent dans des conditions favorables à leur fonctionnement et à l'initiation de nouveaux membres. De plus, du fait que de nombreux fonctionnaires importants du ministère des Colonies étaient des francs-maçons, la présence ouverte de la franc-maçonnerie en Indochine était nécessaire à l'affichage de son influence. La franc-maçonnerie était étroitement liée au développement des colonies françaises en général et au colonialisme en Indochine en particulier. Les francs-maçons se sont rapidement regroupés et ont envoyé au Grand Maître une demande d'autorisation d'établir des loges locales pour répondre à leurs besoins de fonctionnement, de réunion ouverte et de soutien mutuel.

Les excellents résultats liés à l'exploitation coloniale leur ont procuré de grands avantages et leur ont permis de consolider leur position au sein de la société coloniale. Ils étaient ~~les~~ entrepreneurs, magnats dans de nombreux secteurs économiques (navigation, douanes, chemins de fer, plantation de caoutchouc ou de café...). La franc-maçonnerie de la mère patrie a commencé à se déployer partout dans les territoires. La première loge Vietnamienne était rattachée au GODF. Ont été créées ensuite des loges de la GLDF et de la ligue de Droit Humain.

2- LES LOGES MAÇONNIQUES INDOCHINOISES

Avec pour intention d'éclairer l'Indochine, le GODF a ouvert sa première loge à Saigon en 1868, après que la France eut obtenu le droit de gouverner le Tonkin et l'Annam. La première loge appelée "Le Réveil d'Orient" a été fondée le 10 novembre 1886. Moins d'un an plus tard, une deuxième loge, la première au Tonkin, a été créée sous le nom de "la Fraternité tonkinoise" à Hà Nội le 9 septembre 1887. Du fait de la présence de la cour Nguyễn, l'implantation maçonnique a été plus lente à Huế. Cinq ans plus tard, une loge est née à Hải Phòng, après que la France eut acquis le pouvoir de protecteur sur Hà Nội et Hải Phòng, les deux plus grandes villes du Tonkin. Hải Phòng était un grand port où stationnait la puissante marine française. Une loge maçonnique était un lieu de rencontre idéal pour les officiers français. L'Étoile du Tonkin a "allumé ses feux" le 21 juillet 1892. En 1908, Les "Fervents du Progrès" - une troisième loge qui comportait un grand nombre de membres a été ouverte à Sài Gòn.

La GLDF et le Droit Humain (DH) ont ouvert des loges en Indochine dès le début du XXe siècle.

Le DH, important ordre maçonnique qui a admis les femmes en France, était présent au Vietnam dès 1920 mais certains de ses membres comme Delmas étaient présents au Vietnam dès 1913. Delmas a envoyé une lettre en France à André Lebey, franc-maçon et membre du Parti socialiste pour obtenir l'autorisation d'ouvrir une loge. Cependant, aucune femme vietnamienne n'a été admise pour diverses raisons : les femmes ne sont pas admissibles selon les constitutions d'Anderson ; elles étaient discriminées dans la société impériale ; on supposait aussi que les hommes n'accepteraient pas l'implication des femmes dans la politique et les affaires sociales dans un monde dominé par eux ; de plus, les femmes asiatiques liées à des étrangers étaient méprisées.

La GLDF était un important et puissant ordre maçonnique en France. En 1906, la loge "L'Avenir du Khmer" est créée à Phnom Penh. En 1907, après 16 ans de domination française, une loge unique à Annam, "La Libre Pensée d'Annam" voit le jour. En fait, Hué était une ville plus petite que Sài Gòn, Hà Nội ou Hải Phòng. Il n'y existait pas d'économie développée et les intellectuels mandarins étaient fidèles au roi. Il est à noter que les dénominations utilisées à Huế étaient différentes de celle des autres villes (Lumière, Éveil, Étoile, le fervent etc.). Cette loge de Huế a initialement été établie à Đà Nẵng, le grand port maritime du Centre afin que les officiers, marins et fonctionnaires français puissent se rencontrer. Mais en raison de conflits internes, elle a été transférée à Huế. Le 19 juin 1908 "La Ruche Orient" de la GLDF est créée à Sài Gòn. En mars 1912, « Les Écossais au Tonkin « également de la GLDF ouvre à Hà Nội. En 1908, la loge "Fraternité et Tolérance" est créée avant de fusionner avec "La Fraternité Tonkinoise"

Vers 1920-1925, les loges maçonniques ont commencé à initier des indigènes, à la suite du retour de France de certains francs-maçons d'origine vietnamienne. Ces francs-maçons indigènes avaient aussi le désir de se regrouper régulièrement comme ils le faisaient en France. La question de l'admission des indigènes fut abordée formellement dans la grande loge. Le 22 janvier 1922, Goupillon envoya une lettre proposant de laisser entrer les indigènes, de favoriser les éléments francophiles ou de créer une loge séparée où les indigènes remplaceraient progressivement les Français à certains postes de direction. La réponse, datée du 22 janvier 1924, était formulée intelligemment : "La franc-maçonnerie ne fait aucune discrimination entre les couleurs et les races, et n'interdit en conséquence pas l'admission de membres de couleur". Sur le fondement de cette lettre, on peut dire qu'à partir de 1924, la franc-maçonnerie en Indochine a commencé à admettre des indigènes. Goupillon a organisé un bureau d'avocats avec Bùi Quang Chiêu et Nguyễn Văn Thinh, qui furent les premiers apprentis en Indochine ; dès lors, certaines loges commencèrent à admettre des indigènes. Certains membres indigènes se doutaient déjà bien que la fraternité entre Français et Vietnamiens ne durerait pas. Les jalousies et l'idée que les indigènes étaient inférieurs aux Français ont contraint ces derniers à ne pas nommer les indigènes à des postes de fonctions supérieures aux leurs comme dans le cas de Phạm Huy Lục, membre du parti socialiste SFIO (Section française de l'Internationale) qui était président de la législature tonkinoise et a été élu Vénérable Maître de la loge Confucius dans laquelle 60% des dix membres étaient autochtones. L'Obédience voulait freiner cette tendance, car elle se méfiait des réactions possibles.

La loge Confucius fondée par Albert Janvier a attiré de nombreux intellects locaux, élites occidentalisées qui avaient été profondément influencés par la culture française.

Certains d'entre eux n'ont pas hésité à coopérer avec les Français progressistes pour créer la loge maçonnique "Confucius" avec 30 membres indigènes. Cette loge est devenue le lieu de rencontre de grands intellectuels comme Nguyễn Văn Vĩnh, Phạm Quỳnh, Phạm Huy Lục, etc.

Le 19 décembre 1929, l'avocat Weil Lavau fonda une loge nommée "Khong Phu Tseu". Participèrent à cette ouverture Bùi Quang Chiêu, Trần Văn Tý, Nguyễn Xuân Bái et quelques autres francs-maçons de retour de France tels les frères Cao Triều Phát et Trịnh Đình Thảo. Le véritable visage de certains francs-maçons a été révélé dans la question de l'initiation des indigènes. Certains membres ont rejoint la FM non pas par idéal de "bienveillance ou de fraternité" mais pour des raisons strictement personnelles, en raison du fait que la forte influence de la FM assurait leur avenir professionnel. Jean Lan un franc-maçon écrivit de nombreuses lettres à la GLDF pour dénoncer le fait que le chef de la franc-maçonnerie indochinoise était un annamite et que 60% des membres étaient indigènes. Il se refusait à admettre que certains indigènes "jaunes" étaient "meilleurs" que les frères "blancs". La jalousie égoïste et bornée était explicitement révélée dans une lettre du 10 janvier 1934 adressée au grand maître au sujet de la loge Confucius, par laquelle il proposait de refuser de nommer des indigènes au poste de vénérable maitre dans le but de prévenir d'éventuels complots contre le gouvernement colonial. En effet la loge était essentiellement une organisation d'indigènes qui chérissait le nationalisme patriotique. Cependant, grâce à l'opposition de quelques francs-maçons progressistes, la loge a persisté dans son mode de fonctionnement.

Même à Huế, une loge locale nommée "La pensée libre d'Annam " fondée en 1907, ne voulait pas que les locaux aient la liberté de penser. Une lettre de la loge à la GLDF établissant un compte rendu de réunion stipulait : "Un problème surviendra lorsque les frères autoriseront l'indigène à rejoindre l'obédience. Chers frères, je veux vous rappeler une chose importante : vous devez enquêter avec soin sur les personnes qui souhaitent être initiées. Entrer dans la franc-maçonnerie est un choix, les frères devraient refuser sans regret les parasites dans les rangs de la franc-maçonnerie notamment les ambitieux qui vous entraîneraient dans des entreprises qui ne profitent qu'à eux".

Les indigènes étaient injustement comparés à des parasites et jalousés par les frères français qui s'opposaient à l'affiliation des Indochinois. La soif de pouvoir et les querelles entre frères français expliquaient aussi ces positions qui ont entraîné le déménagement de la loge locale de Đà Nẵng à Huế. Les indigènes ont pu observer de nombreux affrontements acrimonieux entre les frères Français sur leurs lieux de travail. Les francs-maçons ont expulsé certains chrétiens qui participaient à des œuvres caritatives à l'hôpital Saint-Paul. Au sein des "Fervents du Progrès", s'opposaient des factions et des idées antithétiques. Henri Donnadieu, père de la célèbre écrivaine Marguerite Duras, (auteur de "l'Amant" et "d'un barrage contre le Pacifique") s'est rendu en Indochine, a enseigné à l'école normale de Sài Gòn puis s'est installé en Cochinchine à partir de 1905. Il fut l'un des premiers Français à rejoindre cette loge, mais il a démissionné en 1912. Il a critiqué les divisions de la loge. A certaines occasions, par faiblesse ou par désir d'accroître rapidement les effectifs, les critères d'initiation se sont relâchés par rapport à la France métropolitaine. Tout ceci a provoqué le mécontentement et l'opposition des frères initiés avant leur venue en Indochine à l'encontre des nouveaux membres.

L'exemple de la première initiation indigène démontre également l'absence de fraternité de la maçonnerie. Trần Nguyên Hanh fut l'un des premiers indigènes à être initié en 1884, mais il fut expulsé car il ne payait pas sa capitation. Est-il possible qu'une personne assez brillante pour être initiée n'ait pas les moyens de payer les frais et soit expulsée ? Le candidat à l'initiation devait être présenté par deux francs-maçons. Tous les francs-maçons étaient des propriétaires terriens, des hommes d'affaires, des officiers, aisés ; les personnes qui souhaitaient initier un profane devaient réfléchir soigneusement avant de proposer l'affiliation d'un indigène afin de ne pas perdre la face plus tard. L'initiation devait être approuvée par toute la loge et les candidats devaient être dignes de confiance. Les candidats pauvres et sans emploi n'étaient pas acceptés.

Le futur membre devait bénéficier de la confiance et du respect des frères pour être présenté. Un Franc-maçon subissant des revers de fortune, par perte de travail notamment ne pourrait-il pas obtenir la bienveillance fraternelle des deux membres présentateurs pour l'aider à s'acquitter de ses cotisations ? L'expulsion pour retard de paiement était souvent un artifice utilisé par certains membres pour quitter la FM. Les Frères pouvaient quitter leur loge tout simplement en arrêtant de payer la capitation. N'est-il pas pensable que Trần se sentant seul, perdu, ayant eu à endurer des regards dédaigneux au sein d'une organisation composée d'Européens ait adopté ce mode de sortie ? A cette époque s'associer avec des Français était vu comme un acte de trahison et était réprouvé par les compatriotes. Collaborer avec les Occidentaux pendant cette période était un comportement honteux pour la famille.

Trần a été ostracisé par ses amis ; a-t-il pensé que cesser de payer sa capitation dans le but d'être expulsé était la meilleure solution ? Ce "Frère" a disparu par la suite et n'a laissé aucune trace de lui au Vietnam, même s'il était aussi brillant que d'autres frères comme Phạm Quỳnh ou Nguyễn Văn Vĩnh. A-t-il disparu ou a-t-il été éliminé ? Les frères maçonniques qui l'ont présenté n'ont plus jamais parlé de lui. Il y a donc quelque chose de mystérieux dans son expulsion. Bien que la franc-maçonnerie ait proposé d'abolir l'esclavage, l'exploitation humaine et la discrimination raciale, les indigènes à la suite de cet incident, n'ont plus été acceptés au prétexte qu'ils n'étaient pas assez "avancés". Cette raison est difficile à admettre car il existait des écoles depuis l'Antiquité au Vietnam. Des confucéens célèbres tels que Phan Bội Châu et Phan Châu Trinh en ont été le produit.

Si la France était venue uniquement pour civiliser et apporter l'égalité et la fraternité, pourquoi tant de Vietnamiens ont-ils dû travailler, quitter le pays pour être mercenaires, travailler comme ouvriers dans les mines, ou mourir sur les champs de batailles des 2 guerres mondiales, pour la France ? Partout en France, on trouve d'ailleurs des monuments commémorant les combattants indochinois morts. Tout ceci prouve que l'égalité n'existe pas entre les opprimés et les colons. Le gouverneur général Jules Ferry, franc-maçon qui avait l'ambition de construire une colonie impériale, a estimé que la France avait "le devoir de civiliser les races inférieures". L'usage de ce terme indique clairement que Ferry considérait les indigènes comme une race inférieure ; le refus de les admettre en franc-maçonnerie était dans la droite ligne de ce propos. Lorsque l'autre est perçu comme inférieur à soi, il est difficile de pratiquer l'égalité et la démocratie. L'initiation des indigènes Vietnamiens soulevait un important problème, tout comme dans d'autres colonies françaises comme le Congo Brazzaville et l'Afrique du Nord. Ce problème était plus prégnant au Vietnam du fait de l'existence de mouvements indépendantistes dès le début de la colonisation. Les frères maçons en avaient très peur. Contrairement aux Africains, les "Annamites tenaces" ne voulaient pas devenir esclaves car leur pays avait une longue culture et une tradition de lutte pour l'indépendance. Même des femmes comme Trưng Trắc et Trưng Nhị ont recruté une armée et se sont révoltées pour venger la mort d'un mari, et la Dame Triệu avait résisté contre une horde d'envahisseurs. L'occidentalisation du Vietnam n'a pas été aussi facile que dans les pays africains. L'occupation française était le principal sujet de discussion des réunions maçonniques. La déclaration d'indépendance de 1945 a prouvé que l'inquiétude était fondée. Le Vietnam était devenu l'exemple à suivre en matière de lutte pour l'indépendance pour les colonies africaines comme l'Algérie, le Congo, la Tunisie, le Maroc, etc.

Le gouverneur général Jules Ferry et la majorité de ses frères maçonniques voulaient mettre en œuvre une politique visant à soumettre les indigènes dans les administrations. Ils voulaient créer des équipes locales autonomes d'indigènes.

Des écoles de médecine, de droit, d'agriculture, de pédagogie, de beaux-arts ont été créées... L'Indochine était devenue une colonie qui procurait de nombreux avantages financiers à la France. Le gouvernement français a utilisé tous les moyens pour étendre son emprise ; il a créé une force armée professionnelle pour protéger les pays conquis. Le projet de collaboration franco-annamite était-il réalisable alors qu'existaient de si grandes différences de traitement entre les Indochinois et les Français ? Dans ces conditions que pouvaient faire les francs-maçons pour faire appliquer la devise Liberté - Egalité - Fraternité en Indochine ? Initialement, la franc-maçonnerie avait été organisée autour d'un idéal de fraternité et d'égalité mais elle n'avait aucune intention d'admettre les indigènes. En fait les Frères voulaient seulement favoriser leurs emplois et fédérer les Français pionniers dans les colonies. Lorsque les membres du GODF ont ouvert une loge au Tonkin, ils ont remplacé leur devise Liberté-Egalité-Fraternité par la devise Travail-Solidarité-Progrès dans la première page du règlement de la loge « Fraternité Tonkinoise » publié au Vietnam. Ce fait implique que la FM n'avait nullement l'intention de traiter les indigènes comme des égaux, malgré la prétention affirmée que les frères collaborent pour former un nouvel ordre mondial universel.

En décembre 1935, un groupe de francs-maçons ainsi que des caodaïstes et sympathisants ont créé le "Carrefour International de Fraternité" à Tay Ninh ou encore Free Brother 3 (FB3) dans les pays asiatiques et les autres colonies. Le FB3-Indo a été dirigé par Louis Vidal. Ce mouvement a attiré de nombreux frères maçons et caodaïstes avec un objectif commun : repousser les impérialistes et colonialistes japonais. En 1945, presque toutes les loges maçonniques avaient cessé de fonctionner ouvertement car la situation en Indochine changeait radicalement et la France risquait de perdre ses colonies dans le sud-est asiatique.

Le gouvernement de Vichy du maréchal Pétain a ordonné la dissolution de toutes les sociétés secrètes par une loi du 13 août 1940 ; tous les temples/loges maçonniques ont été dissous, leurs propriétés confisquées, leurs bibliothèques scellées et leurs membres condamnés sans jugement. Certains ont été exécutés. Les francs-maçons exerçant d'importantes fonctions sont devenus craintifs. Le 11 août 1941, Vichy a interdit aux francs-maçons d'occuper des postes au gouvernement. Leur situation subissait le même sort au Vietnam. Tous les francs-maçons sont entrés dans la clandestinité et ont tenté de maintenir des contacts de confiance.

La maçonnerie a prévu de reconstituer ses loges en Indochine après la Seconde Guerre mondiale. Le commissaire de la République Cécile propose à Maurice Weil de rouvrir les loges de Sài Gòn. Ainsi la loge Kong Fu Tseu renaît à Sài Gòn.

A l'issue de cette période où le colonialisme était ébranlé en Indochine, peu de Vietnamiens ont rejoint la FM car la majorité des membres patriotes s'étaient éveillés. Beaucoup avaient quitté les loges et certains avaient rejoint le Viêt Minh, constatant les contradictions internes de la franc-maçonnerie ; ils se méfiaient et n'osaient pas se dévoiler publiquement car la situation vietnamienne était radicalement transformée. D'autres sont partis rejoindre la résistance. La franc-maçonnerie était florissante en Indochine avant 1940, les frères vietnamiens avaient ouvert en 1939 une loge pour les Chinois vivant au Vietnam sous le nom de "Ming Luân Tang". L'année 1945 marque quasiment la fin de la participation vietnamienne à la FM en Indochine. Ce n'est pas un hasard si une réplique de la Statue de la Liberté a été apportée de France au Vietnam pour l'inauguration d'une salle d'exposition coloniale. Cette statue a été achetée par la Fraternité Tonkinoise.

Ce cadeau représente la commémoration subtile du lien qui unit les frères franco-indochinois. Cette statue de 2,85 a été apportée en Indochine en 1902 pour l'inauguration de la salle d'exposition. La salle a ensuite été utilisée comme musée de l'Agriculture et du Commerce jusqu'en 1923, date à laquelle elle a pris le nom de musée Maurice Long, un gouverneur général maçonnique qui venait de disparaître. Elle a ensuite été placée dans un parc ultérieurement nommé

Paul Bert ; elle a été déplacée vers la tour de la Tortue au centre de Hà Nội lorsque la statue de Paul Bert l'a remplacé, puis vers un parc à la porte Sud. Cette statue a été supprimée après la Révolution d'Août 1945. Elle était considérée comme un symbole de la franc-maçonnerie et comme par coïncidence, son retrait semble marquer la disparition de la franc-maçonnerie au Tonkin. Il existe toujours des centaines de répliques de cette statue à travers le monde mais la réplique unique d'Indochine a été abattue et détruite à l'instar de la franc-maçonnerie indochinoise. La statue a été détruite par ordre de Trần Văn Lai, un franc-maçon premier maire indigène de Hà Nội. Ainsi, la même statue qui symbolisait la présence de la franc-maçonnerie au Vietnam était également le symbole de la fin de la relation qui l'unissait au peuple vietnamien en général et au maire Trần Văn Lai en particulier. Trần Văn Lai a été élu maire avec le soutien de ses frères maçonniques mais la fin de la maçonnerie correspondait en réalité aux sentiments de nombreux Frères autochtones.

Après août 1945, la situation change à nouveau, lorsque le Vietnam déclare son indépendance. La France a concocté quelques raisons de retourner au Vietnam. La loge "Khong Phu Tseu" se reconstitue mais avec seulement dix membres dont le docteur Tân Hàm Nghiệp qui était le seul membre indigène.

De nombreux Frères patriotes ont soutenu secrètement la résistance et certains ont rejoint la zone de résistance comme Cao Triều Phát et Hoàng Minh Giám.

En 1946, le général Leclerc est envoyé à Hà Nội pour tenter de maintenir la présence française au Tonkin ; il propose d'y restaurer les loges maçonniques et la loge "La Fraternité Tonkinoise" réapparaît sous la direction d'Eugène Berthet. Les autres loges ont complètement cessé de fonctionner ou n'ont fonctionné que très peu, car la situation n'était pas propice aux rencontres à Hà Nội. En 1952, Thẩm Hoàng Tín, un franc-maçon élu maire de Hanoi a proposé à ses frères de rendre l'indépendance au Vietnam en 18 mois. Le Vénérable Maître Grebert s'y est opposé avec force et a dénoncé en France les membres indigènes s'opposant activement à la puissance coloniale. On peut affirmer que la franc-maçonnerie au Nord-Vietnam n'existait plus car les francs-maçons vietnamiens ont réalisé que pour avoir la liberté et l'égalité, ils devaient d'abord lutter pour l'indépendance de leur pays.

3- LISTE DES LOGES MAÇONNIQUES EN INDOCHINE

La première loge du GODF en Indochine "Le Réveil de l'Orient" a été établie à Saïgon-Cochinchine le 9 septembre 1886. Bien que cette loge ait reçu l'autorisation officielle d'ouvrir le 10 novembre 1886 selon les documents conservés par GODF, elle n'a commencé à fonctionner qu'en 1890 et son logo fait état de la date de fondation en 1895 à Sài Gòn ; (sa constitution formelle ne devait probablement pas être accomplie à ce moment-là).

Le Vénérable Maître Michel Ember, commissaire adjoint de la Marine a été élu président de cette loge. Depuis le 17 juin 1871, les francs-maçons avaient envoyé des lettres au GODF demandant l'autorisation d'établir des loges à Sài Gòn, car la pacification y était considérée comme accomplie. D'une trentaine de membres à l'origine l'effectif est passé à 90 à la fin du siècle. Ultérieurement, d'autres membres ont remplacé Ember pour diriger la loge, comme Charvein et Foulhoux.

La loge Fraternité Tonkinoise fut fondée le 8 décembre 1886, les frères Schneider – propriétaires de la première imprimerie en Indochine, furent parmi les membres fondateurs, sous la protection du Docteur J.M. Lanessan. Une trentaine de personnes ont été initiées. Compte tenu des circonstances, ils n'ont pas pu se réunir régulièrement et ont demandé en urgence une autorisation de raccourcissement de la période d'apprentissage afin que des membres capables puissent être nommés aux fonctions de gestion de la loge. À la fin du siècle, le nombre de Frères avait doublé.

Le 28 décembre 1892, "L'Étoile du Tonkin" est créée à Hải Phòng, car les membres de La " Fraternité Tonkinoise " y opèrent également. Initialement la loge ne comptait que 20 membres et la majorité d'entre eux se composait de francs-maçons vétérans initiés en France et dans d'autres pays comme Lý Long (loge La Cordialité), William Jack (loge John de Hong Kong) frère Georges de la loge Cosmopolitan de Shanghai, etc. Cette loge a acheté un bien immobilier à Hải Phòng en 1906.

Le 20 mars 1906, la loge "L'Avenir Khmer" est fondé à Phnom Penh mais elle n'a commencé à fonctionner que trois ans plus tard sous la direction de Ludovic Boutier.

Le 1907, en raison des besoins des FF travaillant en Annam, la loge "La Libre Pensée d'Annam" est créée à Đà Nẵng puis s'installe à Huế en raison de conflits internes. Cette loge était gérée par Gustave Serres, fonctionnaire à Đà Nẵng.

Le capitaine Ronget a rétabli "La Ruche d'Orient" de la GLDF dans son bureau situé au 153 rue Mac-Mahon à Sài Gòn. Elle comptait une vingtaine de membres. Après 1975, la loge s'est installée en France où elle continue à fonctionner à l'heure actuelle. Une branche de cette loge s'appelait "Les Abeilles d'Orient".

La loge "Tolérance et Fraternité " a été fondée à la suite de conflits entre les frères de la loge "La Fraternité Tonkinoise". Elle n'a existé que pendant trois ans et comptait environ 35 membres sous la direction de Charles Lemarié. En 1914, La loge "Tolérance et Fraternité" se reconstitue en fusionnant avec "La Fraternité Tonkinoise" et prend le nom de cette dernière, mettant fin à trois ans d'exode et de luttes fratricides.

Le 03 mars 1912 la loge "Les Écossais au Tonkin" est fondée à Hà Nội par la GLDF ; son siège a déménagé plusieurs fois et s'est finalement installé au 4 rue Citadelle à Hà Nội. Les raisons de ces errements résultaient aussi de conflits entre les frères de "La Fraternité Tonkinoise".

La loge les "Fervents du Progrès" a été créée par le GODF à Sài Gòn en raison là encore de désaccords idéologiques au sein des membres du "Réveil de l'Orient" établi à Sài Gòn depuis le 10 novembre 1886. La nouvelle loge n'a commencé à fonctionner officiellement qu'en 1890 ayant pour but d'éclairer la civilisation indigène. En 1913, elle se joint à la loge "*Les Fervents du Progrès*".

L'union des deux loges "Le Réveil de l'Orient" et "Les Fervents du Progrès" reflétait la nécessité de résoudre les désaccords entre les membres. C'était une tentative temporaire de résolution les conflits entre les Frères maçons de Sài Gòn.

Outre ces loges officielles, le juge Gabriel Michel a également établi un bureau spécial en 1895 à Sài Gòn et un second à Hà Nội en 1903 afin que les membres disposent d'un endroit pour se rencontrer et discuter.

La "Fraternité Tonkinoise" a été ouverte en 1907. Le Réveil de l'Orient en 1910 en Cochinchine.

Albert Janvier fonde la loge "Confucius" en 1925 à Hà Nội. Vũ Đình Mẫn a écrit un long essai à lire sur les réunions de loge qu'il a transmis à la patrie, affirmant qu'il n'y avait pas de conflit entre la philosophie de Confucius et l'idéologie maçonnique. La loge "Confucius" a défendu la politique du gouverneur général Varenne, journaliste, homme politique, membre du parti socialiste français et franc-maçon de la loge les "Etudiants de Paris". Trois journalistes connus, Nguyễn Văn Vĩnh, Phạm Huy Lục et Phạm Quỳnh ont rejoint la loge. En 1934, Phạm Huy Lục est élu président de la loge et obtient le grade de maître ; provoquant ainsi la colère des membres français qui se voyaient dirigés par un indigène.

Selon Vũ Đình Mẫn, Confucius voulait construire un monde ordonné, promouvoir le respect de l'enseignant et l'obéissance aux voies de la sagesse. La franc-maçonnerie promeut également le respect de l'enseignant et l'obéissance à l'éthique humaine. Cette éthique confucéenne vénère les ancêtres, respecte la famille, et les personnes qui se transmettent le savoir tout comme la Franc-Maçonnerie.

Cette colère des membres pionniers qui avaient la volonté d'éclairer la civilisation a éveillé les intellectuels vietnamiens à l'idée qu'il n'y aurait pas de collaboration franco-vietnamienne si l'indépendance n'était pas demandée. La loge "Confucius" a été dissoute en 1941 par le régime de Vichy.

Le 19 décembre 1929, l'avocat Maurice Weil et quelques autres avocats fondent une nouvelle loge de rite Écossais. La loge de "Khong Phu Tseu" est apparue officiellement le 04 janvier 1930 à Sài Gòn. Le nom a été proposé par Bùi Quang Chiêu avec à l'esprit que deux grandes philosophies, celles de l'Orient et celle de l'Occident se rencontraient et n'étaient pas en conflit. La première réunion a rassemblé de nombreux autres francs-maçons comme Dương Văn Giáo, Cao Triều Phát, Cao Sĩ Tấn, Nguyễn Xuân Hải, Đỗ Hữu Bưu et Trần Văn Tý. Le temple était situé au 17 Hồ Xuân Hương (rue Colombier) à Sài Gòn. De nombreux Vietnamiens comme Phạm Ngọc Thạch, Cương Quang Nhưỡng, Tân Hàm Nghiệp, Huỳnh Hữu Kim et Trịnh Đình Thảo, ont rejoint la loge.

La loge Carrefour International de Fraternité – FB3 (Frères Libres) a été créée par Louis Vidal avec quelques autres francs-maçons et dignitaires caodaïstes fin décembre 1935 à Tây Ninh. Les Frères étaient essentiellement des caodaïstes. Vidal, sous le pseudonyme de Gabaon, a profité de sa liberté au siège de Tây Ninh, il a quitté les forces armées, et fondé le FB3-Indo-club pour accueillir les principaux membres des partis patriotiques du Vietnam, du Laos et du Cambodge. Le club a été soutenu par d'autres francs-maçons avec un objectif clairement antijaponais.

En 1940, à l'instigation de Dương Văn Giáo et avec le soutien des loges "Khong Phu Tseu" et "La Ruche de l'Orient", la loge "Minh Luan Tang", réservée aux Vietnamiens d'origine chinoise, voit le jour. La branche était dirigée par Tan Jou Ky qui était Vénérable Maître.

En général, toutes les loges maçonniques d'Indochine utilisaient le triangle ou l'étoile de David dans leur logo. La majorité des membres vietnamiens étaient des intellectuels, ou des propriétaires terriens, des chefs de district, ou des personnes issues des classes aisées, occupant des postes éminents dans la société. La plupart des temples maçonniques avaient un triangle décoré. Avant 1920, il n'y avait que des francs-maçons français en Indochine. De plus, de nombreux mandarins restaient fidèles à la cour de Nguyễn. La seule exception est le cas du confucéen Vương Tứ Đại, un mandarin qui a rejoint la loge « Fraternité Tonkinoise » puis a été expulsé au bout de quelques mois en raison du non-paiement de sa capitation. Il est difficile de comprendre pourquoi un mandarin ne payait pas son dû. Il est probable qu'il ne pouvait pas accepter les cérémonies et les discours de cette société secrète. C'est ce qui explique aussi l'absence d'indigènes dans l'agence de Huế.

LISTE DES LOGES MAÇONNIQUES EN INDOCHINE

1. La Fraternité Tonkinoise, (Huynh đệ Bắc kỳ), 1886. (*La 1ere Loge de Grand Orient de France (GODF) en Indochine.*)

Cachet de *La Fraternité Tonkinoise*

2. Le Réveil de l'Orient, 10/11/1886, Sài Gòn, GODF mais l'activité n'a commencé officiellement qu'en 1890, avec pour objet la «" civilisation de la colonie ". Fusion avec Les Fervents du Progrès réunis, à Sài Gòn, en 1913.

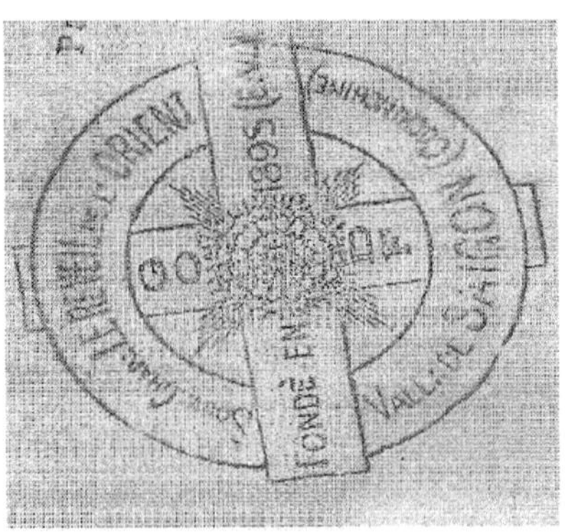

Logo du loge *Le Réveil d'Orient*

3. ***L'Etoile du Tonkin***, 21/07/1892, Hải Phòng, GODF.

Logo de *L'Étoile du Tonkin.*

4. ***L'Avenir Khmer*** à Phnom Pênh, 1906.

5. La Libre Pensée d'Annam, à Huế 1907.

Logo de *La Libre Pensée d'Annam).*

6. La Fraternité et la Tolérance, fondée en 1911. Fusion avec "La Fraternité Tonkinoise" en 1914, renommée **Fraternité Tonkinoise.**

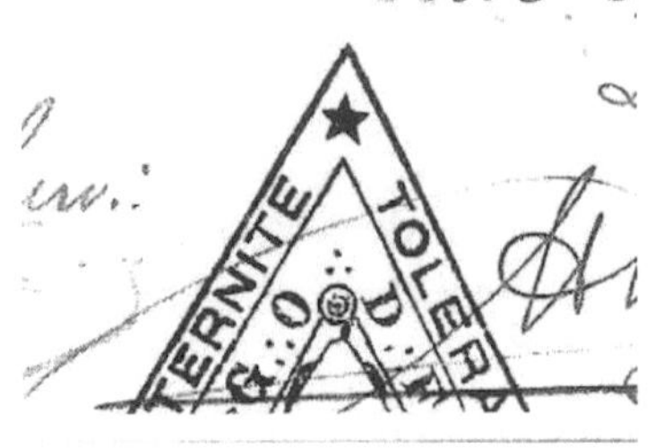

Logo de la loge *Tolérance et Fraternité*

Logo de *La Fraternité Tonkinoise (1914)*

7. *Les Ecossais au Tonkin*, Hà nội, 03/03/1912, GLDF.

8. ***Les Fervents du Progrès***, (16/04/1913, Sài Gòn, GODF.

Logo de la loge *Les Fervents du Progrès*

9. ***La Ruche d'Orient***, Sài Gòn, 19/06/1908 GLDF.

10. ***Confucius***, Hà nội, GODF, 1925.

11. ***Khong Phu Tseu***, (GODF) (Sài Gòn), 04/01/1930.

Logo de la loge Khong Phu Tseu *(GODF)*

12. ***Minh Luan Tang***. (Pour les Vietnamiens d'origine chinoise)

13. ***Carrefour International de Fraternité***, 12/1935 (Tây Ninh). ***FB3 -Indo (Free Brother 3- Indochine)*** sous la direction de *Carrefour International de la Fraternité*

La statue de Liberté au sommet du tour de la Tortue (Lac Hoan Kem à Hanoi)

La statue de liberté est déplacée au parc Neyret

14. Autres loges après 1975

Ces La Ruche d'Orient au retour en France Source Internet)

Logo de la loge Saigon, à Phillipines après 1975

Une loge maçonnique vietnamienne aux Philippines.

Hoa Sen Lumière d’Asie

Logo Lotus Hoa Sen Lumière d’Asie, G.L.N.F, Saigon pour les expatriés.

PARTIE III

COMPOSITION DE LA FRANC-MAÇONNERIE INDOCHINOISE

Les frères maçonniques sont présents dans tous les domaines de la société. Pendant la période coloniale française, ces frères sont des intellectuels bien formés par la France. Après avoir suivi leur scolarité de base au Vietnam, un certain nombre d'entre eux étaient autorisés à poursuivre leurs études en France ou dans d'autres pays pour acquérir un bagage éducatif complémentaire. À cette époque, le système scolaire indochinois ne dépassait pas le niveau d'un BTS actuel. Les meilleurs étudiants ou ceux qui étaient issus de familles aisées poursuivaient leurs études en France durant deux ans afin d'obtenir des diplomes plus qualifiants : licence, formation d'ingénieur, médecin... De retour au Vietnam, la grande majorité travaillait pour l'administration française.

La majorité des frères étaient fonctionnaires dans l'administration coloniale. Certains étaient plus diplômés que la plupart des Français. Ils faisaient partie de la catégorie de l'intelligentsia bourgeoise de la société vietnamienne de l'époque. Selon les listes des effectifs retrouvées les premiers frères maçonniques indochinois étaient très diplômés : on rencontre des médecins, des pharmaciens, des ingénieurs ... Beaucoup cependant, étaient des inconnus. Cette première partie ne traite que des premiers franc-maçons d'origine vietnamienne qui avaient participé à diverses activités politiques en Indochine.

Concernant les loges Indochinoises on peut les qualifier par le terme d'ARÉOPAGE (mot français désignant une assemblée de personnes talentueuses, hautement compétentes, excellentes dans de multiples domaines). Ce mot d'origine grecque désignait à l'origine une colline dominant la ville d'Athènes où les Dieux rendaient leur jugement suprême. A Saigon, la FM a créé l'Aréopage Fraternité d'Extrême Orient (assemblée de talents exceptionnels des Frères d'Extrême-Orient), l'Aréopage "le réveil de l'Orient", dont le siège est sis 38 rue Tabert à Saigon. Le nom même indique clairement qu'il s'agissait d'un rassemblement des élites intellectuelles de l'époque.

Certains vivaient dans le Sud, à l'époque de Ngô Đình Diệm et de la République du Sud Vietnam, d'autres se sont exilés après 1945 ou après 1954. Le pays a vécu des évènements dramatiques qui l'ont gravement perturbé. Durant la période de Vichy les frères maçonniques ont subi des revers. De nombreux documents ayant été brûlés il est très difficile de se faire une idée précise du sujet car peu d'informations subsistent.

Qui se ressemble s'assemble. Des camarades de promotion partageant les mêmes idées se rencontrent aisément afin de réaliser une alliance de la communauté vietnamienne dans les loges. A cette époque, les réunions et manifestations organisées par les indigènes étaient étroitement surveillées par les colons.

Au début du XXe siècle, la situation en Indochine commença à se dégrader sérieusement. Des leadeurs tels Phan Chu Trinh, Phan Bội Châu ont été arrêtés et neutralisés par les autorités françaises, et Hoàng Hoa Thám a été tué. Certains intellectuels indochinois ont trouvé provisoirement une alternative temporaire à la politique de "coexistance pacifique franco-vietnamienne".

***

La composition des loges maçonniques est diverse. Elle résulte de la classification fondée sur la formation socio-professionnelle. La formation en Indochine est limitée à quelques disciplines telles que : droit, pharmacie, pédagogie, sciences, Interprétation, agronomie… Bien entendu, ces disctinctions ne sont pas strictement délimitées. Certains frères maçonniques, après avoir terminé leurs études, ont pu être amenés à enseigner dans divers endroits, devenir fonctionnaires ou poursuivre leurs études. Il est de plus très difficile de faire la distinction entre les fonctionnaires et les travailleurs indépendants. Certains fonctionnaires étaient obligés de quitter leur emploi, d'ouvrir des écoles, d'exploiter une imprimerie, une clinique privée, d'exercer une profession indépendante, etc., Certains frères maçonniques exerçaient simultanément diverses activités telles qu'enseignant, journaliste, scientifique etc… La classification fondée sur l'activité professionnelle n'est qu'une convention approximative.

Au plan politique, la diaspora vietnamienne participe aux élections. Cependant, les Français qui craignaient de perdre la direction des Frères maçonniques, qui craignaient les patriotes vietnamiens réclamant la liberté et l'indépendance, accaparaient toujours des postes les plus élevés. Comme indiqué par le journal Nam Phong, chaque conseil départemental comptait 14 Français et 10 Vietnamiens. Les Occidentaux occupaient les postes de direction tandis que les Vietnamiens étaient aux emplois subalternes. Le pouvoir de décision était donc exclusivement détenu par les Français. La démocratie était illusoire et mensongère du fait de la composition à majorité française dans les organes de direction. Il en résulte que les Vietnamiens étaient minoritaires dans la politique de leur propre pays. Cet état de fait explique le développement du profond sentiment patriotique des intellectuels vietnamiens.

III.1. Avocat-fonctionnaires

Il résulte d'une enquête préliminaire réalisée auprès des premiers frères maçonniques indochinois, qu'un tiers des frères maçonniques sont avocats, un autre tiers est constitué de médecins ou de pharmaciens. Ces domaines leur permettent aisément de gagner leur vie de manière autonome en Indochine.

1. DƯƠNG VĂN GIÁO (1892--1945)

Ô.Dương văn Giáo và Ô.Bùi quang Chiêu trên con tàu đi Ấnđộ

Dương Văn Giáo est diplômé de la faculté de droit en France. Initié à la loge "Jean Jaurès" en 1924, il est élu président de l'Association des étudiants vietnamiens en France. Il a participé avec Trịnh Đình Thảo à la direction du discours de la conférence d'Aix. De retour au pays, il co-participe à la fondation de la loge Confucius. Il a remplacé le Vénerable Weil en 1934. Il a été élu au Conseil colonial en 1935. Après avoir été expulsé du barreau, il est parti en Thaïlande pour travailler comme conseiller du dirigeant radical thaïlandais Pridi Banomyong, ancien camarade de d'université en France. Il faisait partie de ces frères maçonniques qui suggéraient de fonder une loge Chinoise à Saïgon afin d'intégrer le plus grand nombre de Chinois vivant dans le quartier de Cholon.

Dương Văn Giáo estime que les Vietnamiens doivent réclamer le droit à l'autodétermination. Ils doivent en particulier apprendre le vietnamien dès l'école primaire améliorant ainsi le niveau de formation de la population.

Après le soulèvement général de 1945, cet homme politique milite au sein d'organisations anti-françaises. Après le 23 septembre 1945, les forces de résistance s'étant retirées de Saïgon, il a été soutenu par quelques Français Gaullistes afin d'établir un gouvernement provisoire des nationalistes vietnamiens qui avait été dissout le 24 septembre 1945.

2. ĐỖ HỮU TRÍ :[2]

Issu d'une famille aisée Đỗ Hữu Trí a étudié le droit en France. Il a exercé son activité juridique à Paris. Il était membre de la loge "Libre Examen" et avait le même âge que son F Bùi Quang Chiêu. En 1903 et 1904, il fréquente la loge "Action de Paris". Il a été le premier Vietnamien à être inscrit sur la liste des fondateurs de la loge "La Ruche d'Orient" Il a été chargé par la GODF de faire des recherches portant sur des questions philosophiques et sociales afin de refuser aux

---

[2]https://www.daotam.info/booksv/thuongnhothatnuong/thuongnhothatnuong.pdf

indigènes. Il a par ailleurs étudié la philosophie et la religion orientales.

Il a exercé des fonctions de juge et de conseiller à la Cour suprême de Saigon en Cochinchine.

Il était le fils du chef de province "tổng đốc" Đỗ Hữu Phương (1838-1914), qui était riche et connu à Saïgon et frère cadet de Đỗ Hữu Trí, premier pilote vietnamien en Indochine, colonel Đỗ Hữu Chân dans l'armée française. Mme Đỗ Thị Nhân, la seconde épouse du chef de province Hoàng Trọng Phu, était sa sœur. Sa sœur aînée, Đỗ Thị Sang, a épousé le chef de province Vương Quan Trân et a donné naissance à Mme Vương Thi Lễ (1900-1918). La courte vie de Vương Thi Lễ, considérée comme une des neuf sœurs sacrées du palais célestre, est fréquemment apparue dans les séances de spiritisme des premiers fondateurs de la religion Cao Đài :

"Dans une séance du 25 août 1925 (8 août, de l'année du Buffle selon le calendrier lunaire), le Suprême A, Â, Ă a appris qu'il fallait organiser une grande fête végétarienne pour inviter la Mère Bouddha et les Neuf Déesses. Parmi les neuf déesses sœurs sacrées figurait Mme Vương Thi Lễ - la septième déesse qui a brulé la torche de feu afin de créer la nouvelle religion... En résumé, Mme Vương Thi Lễ, a d'abord utilisé la poésie et la littérature pour amener les trois anges à suivre le Chemin de la religion, puis leur a imposé le jeûne, la prière et la méditation. Elle est considérée comme la fondatrice du caodaisme… "[3]

Les biographies de ces personnes et leurs liens familiaux justifient bien la relation entre les dignitaires de Cao Đài, les

---

[3] Voir Ngô Minh Chiêu

frères maçonniques, et les familles nobles dans la Cochinchine de l'époque.

3. ĐỖ QUANG GIAI (1890-1972)

Đỗ Quang Giai est diplômé de l'école de droit et d'administration. Il a travaillé comme avocat à la Cour suprême de Hưng Yên. Il a participé aux activités politiques et est devenu maire de Hanoï de 1952 à 1954, en remplacement de Thẩm Hoàng Tín. Il a fondé avec ses frères maçonniques le journal Le Courrier d'Haiphong. Il était ami avec le journaliste Nguyễn Văn Vĩnh.

Elu vice-président du "Conseil du Peuple" créé par les Français il a conservé ce poste lorsque ce conseil a pris le nom de "Consulat" au retour de Bảo Đại au Vietnam. Il ne soutenait pas le mouvement communisme. C'est la raison pour laquelle il a émigré au Sud après les accords de Genève. Il a été élu député de la République du Sud Vietnam de 1966 à 1972.

Sur la photo, on voit sur sa poitrine une médaille de la légion de l'Ordre d'Annam "Đại Nam Long Tinh". Il a par ailleurs reçu d'autres médailles. Après 1954, il a exercé les fonctions de président de l'association anglo-vietnamienne et a reçu la médaille d'honneur britannique (OBE). Il a également travaillé pour l'ambassade américaine et a été invité par la reine Elizabeth à Londres afin de recevoir la médaille OBE KBE avec d'autres récipiendaires.

4.TRẦN VĂN TỶ (1988-1953)

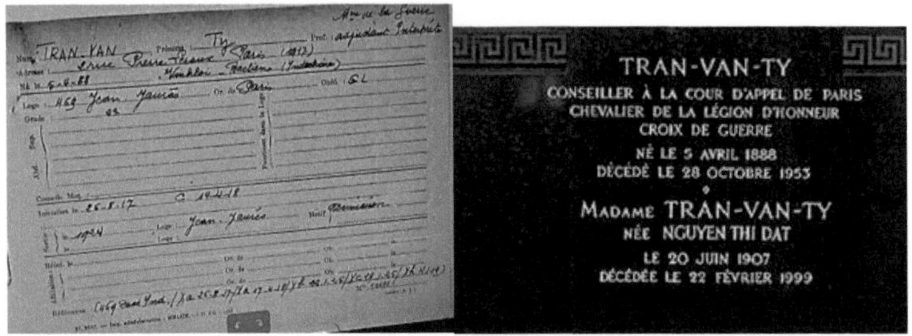

Avocat diplômé en France, il a été initié par la loge "Jean Jaurès" à Paris.

De retour au Vietnam, il a travaillé comme secrétaire du tribunal de Bac Lieu. Il s'est rendu en France, il a étudié avec Dương Văn Giáo et a travaillé durant de nombreuses années à Saigon. Il a été nommé ministre de la Justice du gouvernement provisoire de Cochinchine, dirigé par le docteur Nguyễn Văn Thinh avant de devenir premier ministre en 1946. Il était président du tribunal de Saïgon. Après de nombreuses péripéties politiques et le suicide de Nguyễn Văn Thinh, il s'est rendu à Paris pour vivre et travailler comme conseiller au tribunal de Paris. Il est mort en France et repose au cimetière du Père Lachaise à Paris. Il a été décoré de l'Ordre de la Légion d'honneur et a reçu la médaille de guerre. Ces décorations sont décernées à ceux qui ont participé à la guerre ou qui ont été blessés. Sur sa tombe, sa famille a érigé une stèle où figurent les les décorations octroyées par le gouvernement français.

Dans son édition du 11 juillet 1947 le journal français Le Monde a relaté les propos dissidents de Trần Văn Tỷ, ministre français de la Cochinchine, qui a exprimé ses désaccords lors de la réunion du Conseil français étrangères présidé par un F maçonnique Marc Rucart en présence du représentant du Parti communiste. Ce dernier en profond désaccord avec Trần Văn Tỷ a quitté la réunion.

Figurent sur la photo : Marius Moutet, un F maçon, ~~le~~ ministre des Colonies (1936-1939) qui a par ailleurs ordonné la répression des soulèvements de Madagascar. Il était l'avocat des Vietnamiens indépendants adhérents ou sympatisants du parti communiste Indochinois. Il a été reçu par le frère Trần Văn Tỷ en Cochinchine.

Trần Văn Tỷ, a s'est rendu en date du 19 juin 1947, au nom du vice-président de la Cochinchine au pied du monument des martyrs à Paris (photo KEYSTONE-FRANCE / Gamma-Rapho via Getty). Au revers de son vêtement figurent 5 médailles décernées par la France.

5.TRỊNH ĐÌNH THẢO (1901-1986)

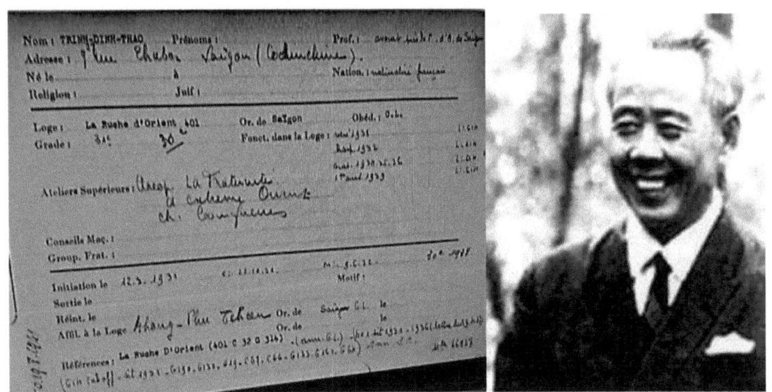

Fiche de l'avocat Trịnh Đình Thảo

Trịnh Đình Thảo est originaire du village de Chính Kinh circonscription de Nhân Mục, district de Hoàn Long, province de Hà Tây, actuellement dénommée arrondissement de Nhân Chính, district de Thanh Xuân (Hanoi). Il a étudié le droit, la littérature, l'économie et le commerce en France et a obtenu un baccalauréat ès lettres, une maîtrise en économie et en droit commercial et un doctorat en droit. En 1929, il est retourné au pays où il a été nommé ministre de la Justice du gouvernement Trần Trọng Kim. Avocat à la Cour suprême de Saigon, il a acquis une grande réputation parmi ses compatriotes intellectuels. Dès sa jeunesse il a rejoint le mouvement des étudiants vietnamiens en France. En 1936, il a participé au Mouvement du Congrès Indochinois, luttant pour la démocratie et les droits de son peuple. En 1955, il a été élu président honoraire du Mouvement pour la Paix à Saïgon, plaidant contre l'intervention américaine et exigeant que le gouvernement Ngô Đình Diệm respecte les accords de Genève.

Bien que fils d'un fonctionnaire du gouvernement français et et malgré le fait qu'il ait été parrainé par le gouverneur de Cognacq pour poursuivre ses études en France, il a toujours un état d'esprit patriotique anti-français. Il critiquait vivement la politique coloniale. Il a défendu un certain nombre de ressortissants vietnamiens d'outre-mer devant les tribunaux Français et a joué un rôle actif au sein du "mouvement des étudiants vietnamiens en France".

Initié à la loge "Ruche des abeilles" en 1931, puis rejoignant la loge Confucius après son retour au Vietnam, Trịnh Đình Thảo est le seul indigène à atteindre le 31e niveau des 33 grades maçonnique du GODF. Il a été candidat au Conseil colonial de la Cochinchine en 1935, mais a été refusé par le conseiller départemental qui voyait en lui un patriote dangereux du fait de sa participation au mouvement des étudiants Vietnamiens en France. En 1929, Trịnh Đình Thảo a été nommé avocat auprès de la Cour suprême de Saigon. En 1936, il rejoint le Mouvement du Congrès indochinois, luttant pour la démocratie et les droits du peuple. Il était conseiller juridique de la religion Cao Đài et a soutenu la politique de coexistence pacifique de Phạm Công Tắc en 1956.

Début 1968 il s'est rendu secrètement dans la zone contrôlée par le Front national de libération du Sud-Vietnam et a participé à la fondation de l'Alliance des forces nationales, démocratiques et pacifistes du Vietnam dont il était président. En 1969, il a été nommé vice-président du Conseil consultatif du gouvernement révolutionnaire provisoire de la République du Sud-Vietnam. Après 1975, il a été élu député de la 6e Assemblée nationale, membre du Comité de rédaction de la Constitution, membre du Présidium du Comité central du Front de la Patrie du Vietnam.

6. VƯƠNG QUANG NHƯỜNG (1902-1963)

Avocat né à Yên Lương Động, province de Gò Công actuellement province de Tiền Giang, il a fait ses études de droit à Saïgon puis en France. Il a également obtenu une maîtrise de droit et d'économie. En 1930 il a soutenu une thèse de doctorat en droit ayant pour sujet les conflits des lois en Indochine.

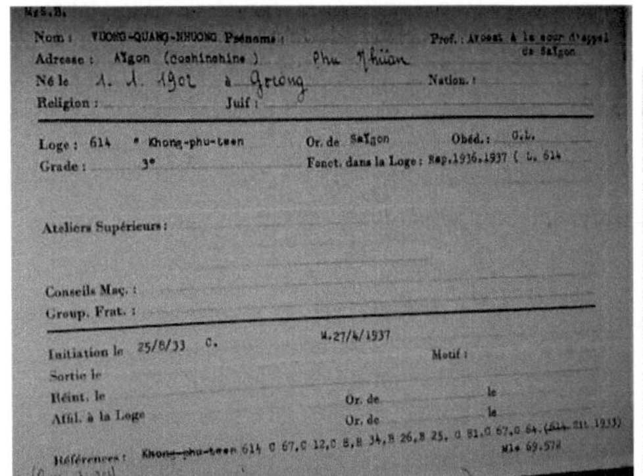

M.S.B.

Nom : VUONG-QUANG-NHUONG Prénoms : Prof. : Avocat à la cour d'appel de Saïgon

Adresse : Saïgon (Cochinchine) Phu Nhuan

Né le 1. 1. 1902 à Gocong Nation. :

Religion : Juif :

Loge : 614 " Khong-phu-tseu Or. de Saïgon Obéd. : G.L.

Grade : 3° Fonct. dans la Loge : Rep.1936.1937 (L. 614

Ateliers Supérieurs :

Conseils Maç. :

Group. Frat. :

Initiation le 25/8/33 C. M.27/4/1937

Motif :

Sortie le

Réint. le Or. de le

Affil. à la Loge Or. de le

Références : Khong-phu-tseu 614 C 67.C 12.C 8.B 34.B 26.B 25. C 81.C 67.C 64.(614.211.1933) M14 69.572

Il rentre au Vietnam en 1932, où il exerce auprès du Barreau de Cochinchine. Il a par ailleurs été avocat à la Cour Suprême de Saïgon au cours de la période 1937-1940. Il était membre du Comité Central de soutien social de Saïgon - Cholon. Il a fait campagne pour que le roi Thành Thái soit rapatrié en 1947. En 1945, il a été promu directeur général et a été invité par le roi Bảo Đại à Huế, au sein du Conseil de Rédaction de la Constitution. Le 18 janvier 1950, lui échoit le poste de ministre de l'Éducation nationale dans le cabinet Nguyễn Phan Long et Trần Văn Hưu. A partir de 1951, il était à la fois assistant adjoint du Cabinet des ministres et ministre de la Justice. En 1950, il était le ministre de l'Éducation nationale dans le gouvernement Trần Văn Hưu et ultérieurement dans le gouvernement Nguyễn Văn Tâm.

Le journal "Sài gòn", n° 141161 du 28/04/1939.

Sur la photo, VQN se présente comme candidat du 2eme arrondissent de Saigon

Vương Quang Nhường a épousé Henriette, fille de Bùi Quang Chiêu qui a été la première femme à obtenir un doctorat en médecine en France. Divorcé d'Henriette, l'avocat Nhường a épousé la fille du roi Thành Thái. Après 1955, il est parti vivre en France auprès de la famille de sa femme.

Il est l'auteur de "Sujets juridiques" et co-auteur : - du livre "Lois civiles de l'Annam" (1938) / - "Lois criminelles Hoàng Việt" (1933).

III.2. EDUCATION

1.HOÀNG MINH GIÁM (1904--1995)

Hoàng Minh Giám est diplômé du Collège pédagogique d'Indochine en 1926. Il a été nommé enseignant au Cambodge. Comme il publiait des articles dans des journaux anticoloniaux, il a été licencié. Il est retourné à Saïgon où il a enseigné dans une école privée. Il a continué à publier des articles dans les journaux. Il était collaborateur et ami proche du directeur du journal "la cloche félée" Nguyễn An Ninh.

A Hanoï, il a occupé, le poste de directeur adjoint de l'école privée Gia Long, dirigée par Belet. Dans cette école, malgré les risques, il a invité Võ Nguyên Giáp, qui venait de sortir de la prison, à enseigner l'histoire pour inculquer à ses élèves l'esprit patriotique à travers l'histoire du Vietnam.

Initié à la loge le "Droit humain" et membre de la loge "Confucius" il était ami du député et vénérable maitre Phạm Huy Lục. M. Phạm Huy Điển, fils de ce dernier a révélé l'admiration et le respect de son père ainsi que sa reconnaissance envers Hoàng Minh Giám. C'est ce dernier Hoàng Minh Giám qui a demandé à un ami, un frère, de se refugier afin de s'éloigner des divergences des extrémistes anti-français lors du succès de la révolution de 1945. La fraternité maçonnique l'a sauvé. Phạm Huy Lục s'est bien soustrait à l'influence de ceux qui prônaient la poursuite de la politique coloniale. Durant cette période difficile où les communications étaient limitées, il n'y avait ni téléphone portable ni ordinateur comme de nos jours, Hoàng Minh Giám se rendait souvent chez Phạm Huy Lục pour préparer les tenues. C'est ainsi que Hoàng Minh Giám était informé à l'avance des divergences existant envers les frères maçonniques. Il a alors demandé à un intime de prendre des mesures de protection en faveur de ces frères amis maçonniques.

Hoàng Minh Giám a été un assistant actif de Hồ Chí Minh. Il a agi en tant qu'agent de liaison lors de réunions secrètes entre Hồ Chí Minh et les représentants français pendant la résistance. Il a été actif au sein du Parti socialiste du Vietnam et a occupé le poste secrétaire général adjoint auprès du Comité central du Parti de 1956 à 1988 - date de dissolution du parti. Il a occupé de nombreux postes importants au sein du gouvernement tels que vice-ministre, ministre des Affaires étrangères et ministre de la Culture. Le Comité du Front de la Patrie du Vietnam l'a de plus sollicité alors qu'il était retraité.

2.LÊ THƯỚC (1891-1975).

En 1921 Lê Thước a obtenu le diplôme du Collège de Pédagogie d'Indochine à Hanoi portant sur l'enseignement des caractères chinois au Vietnam. Il a enseigné au collège National Vinh. En 1923, il a été nommé directeur du collège primaire de Vinh, inspecteur des écoles primaires et secondaires de la province de Nghệ An. En 1927, il se rend à Hanoi pour enseigner la littérature vietnamienne au lycée Albert Sarraut, École de Protectorat. Il est initié à la loge "Les économies du Tonkin".

En 1940, il est muté au lycée Thanh Hóa. En 1943, il est exclu de ses fonctions par le gouvernement de protectorat en raison de son patriotisme. Il a de fait connu le même sort que d'autres frères, qui ont été inscrits sur une liste rouge par le gouvernement du Protectorat de Vichy qui interdisait aux fonctionnaires de participer à des sociétés secrètes. Les frères maçonniques de la société secrète ont tous été contraints de démissionner.

Lê Thước a participé au Conseil de l'éducation après la Révolution nationale en août 1945 ; il a en outre été nommé président du comité de la production agricole de la province de Thanh Hóa. En 1950, il a été élu au Comité central de l'Union Nationale du Vietnam et en 1951 il a été élu membre du Comité exécutif du Comité du Front national de l'alliance des Việts. Après 1954, il était fonctionnaire au service de l'éducation générale. Il a ensuite été muté au département des archives du ministère de l'éducation à Hanoi où il a participé à la traduction, à l'édition, et à la présentation d'œuvres sélectionnées en Han-Nom pour les différents niveaux du lycée et de l'université.

En 1957, il a été nommé responsable du conservatoire culturel du ministère de la Culture.

3.NGUYỄN VĂN NGỌC (1890- 1942)

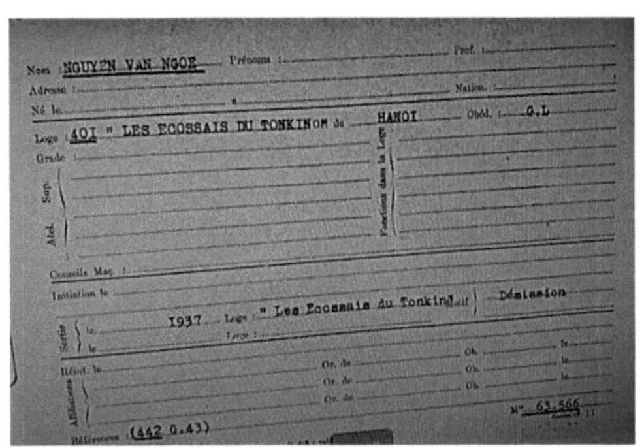

Nom : NGUYEN VAN NGOC Prénoms : Prof. :
Adresse : Nation. :
Né le
Loge : 401 " LES ECOSSAIS DU TONKIN" Or. de HANOI Obéd. : G.L
Grade :
Sup.
Atel.
Fonctions dans la Loge
Conseils Maç. :
Initiation le
1937 Loge : " Les Ecossais du Tonkin" Démission
Loge :
Sortie le
le
Réint. le Or. de Or. le
Affiliations Or. de Or. le
Or. de Or. le
N° 63.566
Références : (442 G.43)

Nguyễn Văn Ngọc connu sous le pseudonyme d'Ôn Như est un écrivain, enseignant et chercheur de la culture vietnamienne. Il est initié à la loge "Les Ecossais du Tonkin", en 1937. Il cesse de travailler pour raisons de santé. Son frère Nguyễn Quang Oánh est également franc-maçon. Diplômé de l'école d'interprétation, il parle couramment le chinois et le français. Il a enseigné à l'école primaire de Bờ Sông, à l'école du protectorat de Bưởi et à l'école de pédagogie ...

Il a exercé les fonctions d'inspecteur des écoles primaires. Il a été président de l'Association amicale des enseignants, membre de Khai Trí Tiến Đức, et Cổ Kim Thư xã. En 1934, Nguyễn Văn Ngọc est nommé enseignant dans la province d'Hà Đông. Il participe à la fondation de l'Association bouddhiste nord-vietnam et contribue à la construction de la pagode Quán Sứ. C'est un bouddhiste actif. Ceci démontre que la FM ne fait pas de discrimination en ce qui concerne les religions.

Nguyễn Văn Ngọc a d'autre part ouvert la librairie Vĩnh Hưng Long, située 51 rue Hàng Đường à Hanoi.

Il a joué un rôle déterminant dans la préservation de la culture folklorique. Avec son frère Nguyễn Quang Oánh và Đỗ Thập, il a créé le théâtre *Sán nhiên đài*, le premier théâtre traditionnel (Chèo) à Hanoi.

Il a rassemblé et compilé de nombreux manuels et livres précieux sur la culture folklorique tels que La litérature d'Annam, l'Anthologie des proverbes, les Fables de l'occident et de l'orient... Son livre "Méthode d'apprentissage du script Quốc Ngữ" est très apprécié par les Français qui souhaitent apprendre le vietnamien.

En 2003, la maison d'édition littéraire a publié l'anthologie d'Ôn Như Nguyễn Văn Ngọc pour rassembler ses travaux de recherche.

4.NGUYỄN QUANG OÁNH (1888-1946)

Nom : NGUYEN Prénoms : Quang Oanh Prof. : Direct. Enseignement Primaire

Adresse : 53 rue du Sucre à HANOI

Né le à Nation. :

Religion : Juif :

Loge : 442 "LES HOSPITALIERS DU TONKIN " Or. de HANOI Obéd. : G.O.L.O.

Grade : 4° Fonct. dans la Loge : 1er Mait. des Cérém. 1936, 37 L. 442

Ateliers Supérieurs :

Conseils Maç. :

Group. Frat. :

Initiation le ? C. ? [illegible] 4° ?

Motif :

Sortie le

Réint. le Or. de le

Affil. à la Loge Or. de le

Références : 442 Tabl. Off.

Nguyễn Quang Oánh, directeur de l'école primaire et inspecteur de l'éducation du Tonkin, qui résidait au 53 rue du sucre (Hàng Đường), à Hanoi, est le frère de Nguyễn Văn Ngọc. La famille comprend donc deux franc-maçons.

Nguyễn Quang Oánh est le correcteur du "Ngâm Khúc", éd. Vĩnh Hưng Long, 1930. En 1925, il a compilé avec Nguyễn Đình Quế le livre "Education primaire", destiné aux écoles. Cet ouvrage a fait l'objet de six éditions.

Ngâm-khúc. Nguyễn-Quang-Oánh Hiệu-Khảo

L’ouvrage en question a une grande valeur, préfacé par Nguyễn Văn Tố, édité aux éditions Trung Bắc Tân Văn sous la direction d’un frère maçon Nguyễn Văn Vĩnh. La compilation et la publication exigent le soutien de l'éditeur et le désintéressement de l'auteur. Les écrivains de cette époque étaient totalement dévoués à la culture

Il est a été initié à la loge "Les Tonkinois Ouverts" à Hanoi et a été élevé au grade de maître en 1934-1935. Il est devenu franc-maçon en exerçant les fonctions de maître de cérémonie.

Avec son frère Nguyễn Văn Ngọc, il a écrit le livre "L’amour Chinois" en deux volumes. En collaboration avec Bùi Kỷ et Trần Trọng Kim il a écrit le livre "grammaire Vietnamienne pour l’école primaire ", ed. Lê Thăng, 1945.

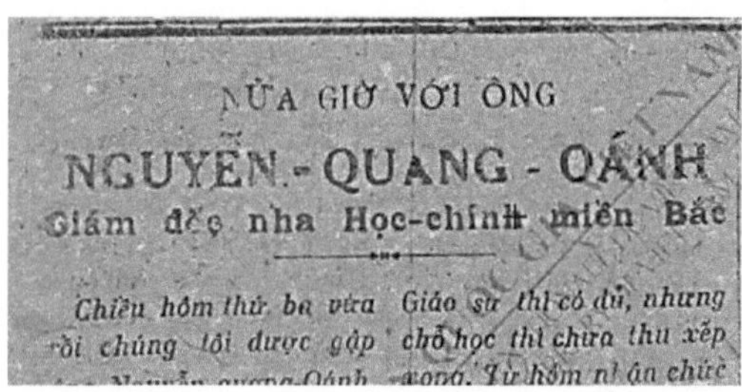
NỬA GIỜ VỚI ÔNG

NGUYỄN - QUANG - OÁNH

Giám đốc nha Học-chính miền Bắc

Chiều hôm thứ ba vừa rồi chúng tôi được gặp

Giáo sư thì có đủ, nhưng chỗ học thì chưa thu xếp

Avec Nguyễn Hữu Tiến et des bonzes il a enseigné à l'école bouddhiste du Tonkin ouverte le 14 décembre 1936 à la pagode Quán sứ. En 1944, l'école a été officiellement inaugurée sous le nom de Phổ Quang. Nguyễn Quang Oánh, ancien inspecteur a été nommé directeur de l’enseignement du Tonkin. Avec son frère il dirige "La coopération des lettres anciennes" "Cổ kim thư xã" spécialisée dans la reproduction de livres utiles à la préservation de la culture ancienne.

Le numéro 273 de la revue "hebdomadaire de politique et de littérature", du 23 juin 1945, contient une interview de Nguyễn Quang Oánh concernant l'éducation au Vietnam. Il s'intéresse à l'enseignement de l'écriture de la langue nationale. Il a confirmé dans un entretien à la presse que :

"Les candidats doivent passer l'examen de littérature en vietnamien, les épreuves de mathématiques peuvent être rédigées en français car les termes scientifiques vietnamiens sont rares en la matière." Il suivait la pédagogie française qui selon lui doit toujours être respectée et nécessite de bons enseignants. Les bons professeurs forment les bons élèves. Le pays aura des formateurs talentueux au service de l'humanité. L'examen doit être irréprochable car un pays peu instruit produira toujours de mauvais produits.

En 1945, il participe au conseil de réforme de l'éducation du gouvernement Trần Trọng Kim.

Le 12 décembre 1946, pendant la résistance nationale, il est abattu par les colonialistes français alors que ses deux fils travaillaient pour la France. Selon M. Phạm Huy Điển, fils de Phạm Huy Lục (deux familles–amies proches vivant à Hanoi), au moment où les français sont entrés dans la maison pour rechercher des résistants, M. Oanh a déclaré en français : "Mes deux fils travaillent au bureau français". L'un des soldats français, sans lui demander de préciser la nature de ses fonctions a dit :"ce type est un menteur ", et l'a abattu. Ce fut une grande douleur pour sa famille ainsi que pour ceux qui vivaient dans le pays. Quelqu'un qui ne maniait que la craie et le stylo avec pour seule ambition d'éduquer son pays, a été tué par les hommes français avec lesquels il travaillait. Trần Trọng Kim a pleuré en apprenant cette nouvelle. Dans la lettre que le Président Trần Trọng Kim a envoyée à Hoàng Xuân Hãn, il a exprimé ses condoléances à son ami Băng Hồ (alias Nguyễn Quang Oánh). : "Quand j'étais à Hongkong, M. Cousseau m'a dit que M. Oánh avait été tué ; je suis si attaché à M. Oánh que j'ai écrit un poème intitulé "J'ai pleuré pour mon ami". Dans ce poème, Trần Trọng Kim exprime sa haine contre les ennemis.

5.PHẠM VĂN LƯỢC (1907- 1972 ?)[4]

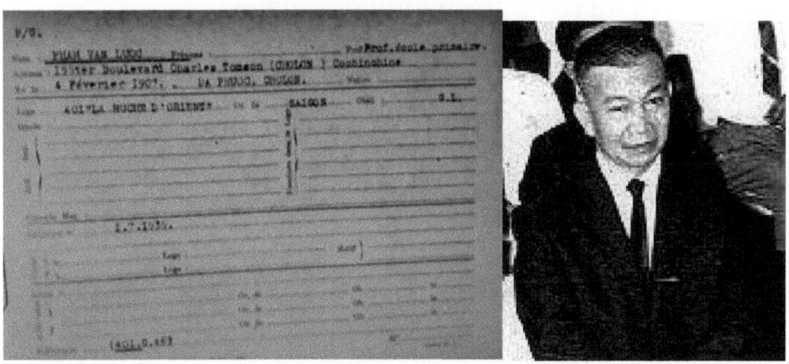
Prof.école primaire.
Boulevard Charles Thomson (CHOLON) Cochinchine
4 Février 1907
"LA RUCHE D'ORIENT" SAIGON G.L.

Phạm Văn Lược, né en 1907 à Chợ Lớn (Cholon), est initié à la loge "Ruche d'abeilles d'Orient".

Après 1945, il a avec certains frères maçonniques continué à travailler et à apporter sa contribution à la société de l'époque. Il a été nommé directeur de l'école Pétrus Ký (1960-1963) au Sud du Vietnam. Il a été directeur général des écoles primaires et de l'éducation populaire.

Selon les souvenirs d'un ancien élève de l'école Pétrus, Phạm Văn Lược était un professeur très strict qui appliquait les méthodes éducatives françaises. Il a incité les enseignants et les élèves de l'école à s'habiller correctement. Bien qu'il soit directeur, il se tenait parfois à la porte de l'école pour vérifier la propreté des vêtements et des ongles des élèves. S'habiller proprement c'est se respecter soi-même et respecter ses professeurs, une image civilisée. Une personne, habillée convenablement est respectueuse de la société, et l'embellit. C'est une attitude civique. De nombreux étudiants le remerciaient à la fin de leurs études pour leur avoir transmis ces comportements de vie civilisée. Le compositeur Quách Vĩnh Thiên bien connu à Paris, a exprimé le 23 octobre 2010

[4] Les personnages du sud Vietnam n'ont pas d'informations suffisantes

avec nostalgie son respect et a remercié le directeur pour sa "sévérité" en matière de formation des élèves.

6.TRẦN TRỌNG KIM (1883-1953)

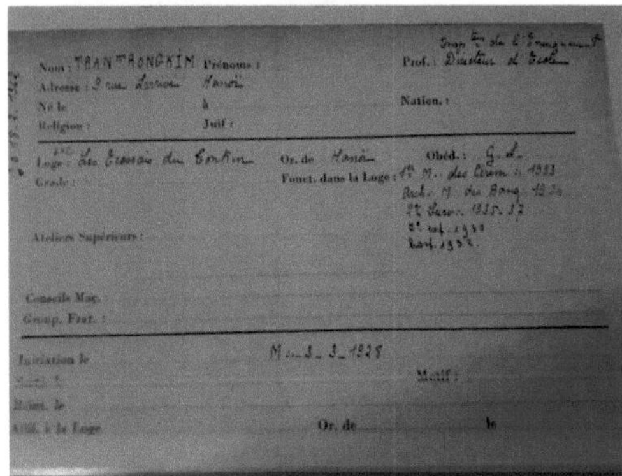

Nom : TRAN TRONG KIM Prénoms : Prof. : Directeur d'École
Adresse : Hanoï
Né le à Nation. :
Religion : Juif :

Loge : Les Ecossais du Tonkin Or. de Hanoï Obéd. : G. L.
Grade : Fonct. dans la Loge :

Ateliers Supérieurs :

Conseils Maç. :
Group. Frat. :

Initiation le M. 3-3-1928
Motif :
Réint. le
Affil. à la Loge Or. de le

Trần Trọng Kim (1883 - 1953)

Diplômé de l'école d'interprétation en 1904, il a travaillé comme interprète avant de se rendre en France pour étudier à l'école coloniale. De retour au pays, il a été nommé enseignant à l'École de protectorat et à l'École de Pédagogie. En 1945, il est nommé Premier ministre du gouvernement vietnamien indépendant après la défaite japonaise. Ce gouvernement n'a duré que quelques mois jusqu'à la révolution d'août 1945. Il a cependant eu le temps de regrouper la Cochinchine au Vietnam car auparavant les Nguyễn avaient été contraints de céder à la France. Le programme vietnamien a été remplacé par l'option française.

Trần Trọng Kim membre de la franc-maçonnerie a été l'un des fondateurs de l'organisation "La rencontre de la fraternité Universelle". Ultérieurement il a avec Tạ Thu Thâu cessé de participer à ce mouvement. Il a été élu une fois chef adjoint du comité de littérature de l'association Khai Trí Tiến Đức et député de l'Assemblée du Tonkin. Il était actif dans la loge "Les Ecossais du Tonkin".

Il est l'auteur de nombreux ouvrages. Il a traduit en français certaines oeuvres telles que "confucianisme " (éd. Trung Bắc Tân Văn, 1930), La littérature vietnamienne… le boudhisme (Tân Viet Publishing), Vương Dương Minh (1940), La grammaire Vietnamienne (Lê Thăng, Hanoi, 1941, co-écrit avec Phạm Duy Khiêm, Bùi Kỷ).

Il entretenait de bonnes relations avec les Francs-maçons. La plupart de ses livres étaient publiés par l'imprimerie Trung Bắc Tân Văn dont les directeurs étaient également francs-maçons (Nguyễn Văn Vĩnh, et Nguyễn Văn Luận).

III.3. PROFESSION LIBÉRALE.

La grande majorité des frères est diplômée de grandes écoles et exerce des activités libérales et indépendantes telles qu'interprètes, journalistes, écrivains… Les écrivains sont considérés par certains comme des hommes libres, quasiment au chômage ou des personnes sans profession. Un écrivain de la période coloniale française a rapporté qu'ayant eu à dévoiler sa profession d'écrivain auprès d'un fonctionnaire français, celui-ci aurait immédiatement mentionné dans son dossier qu'il était "sans profession" !

1. NGUYỄN VĂN VĨNH (1882-1936)

Né à Hanoï dans une famille pauvre, mais ayant soif de connaissances, il a étudié et est parvenu à maîtriser le français en fréquentant assidûment la classe d'un instituteur français en Indochine. Remarqué pour son intelligence et son courage, il a été soutenu par le directeur qui l'a poussé à passer l'examen. Il a réussi à obtenir une bourse pour suivre le collège des interprètes où il a obtenu une mention en 1895. Il travaille dès l'âge de 14 ans, comme interprète pour l'Agence Présente de l'Ambassade à Lao Cai. Il collabore ensuite à divers journaux tels que le Courrier d'Hai Phong, la Tribune Indochinoise... il a fondé avec ses amis une Société d'Enseignement Mutuel du Tonkin, ayant pour but la traduction de livres en français et en vietnamien ainsi que l'aide en faveur des Vietnamiens ~~à~~ pour aller étudier en à l'étranger, notamment en France. Il a participé à la rédaction des règles et méthodes d'enseignement de la langue française ~~à~~ au sein de l'Association Đông Kinh Nghĩa Thục. Après le voyage en l'exposition coloniale en France, il a été initié à la loge "ligue du droit humain". Il a activement participé à la diffusion de la civilisation auprès du peuple par l'enseignement de la langue vietnamienne et l'élimination des coutumes féodales qui entravaient le progrès humain. Il a démissionné de ses fonctions auprès du gouvernement du fait de ses activités libérales dans la presse et l'imprimerie où il exerçait une activité avec son ami français Schneider. Il a été invité par M. Schneider à participer à la compilation et à l'impression du journal quotidien Đại Nam Đồng Văn. Bien que résidant au Tonkin il a été le 1er indochinois indigène admis dans une loge maçonnique en France lors de sa présence à l'exposition coloniale, car en Indochine la question de l'initiation des indigènes n'était pas encore tranchée.

Il a signé avec les Français une pétition exigeant la libération de Phan Chu Trinh, et a participé dans les deux langues à la rédaction de l'article de Phan Chu Trinh "*Lettre du gouvernement français"*, ce qui lui a valu des problèmes avec le ledit gouvernement. Après la plainte contre le système fiscal (taxes foncières et personnelles notamment) imposé à l'Annam et l'empoisonnement de la garnison de Hanoi en 1908, son journal *Đăng cổ tùng báo* a été interdit...

Le journal Nouvel Annam du 11 mai 1936, a par ailleurs précisé dans son numéro 546 que son fondateur Nguyễn Văn Vĩnh et son rédacteur en chef Phạm Huy Lục étaient francs-maçons. Les journalistes vietnamiens ont parfaitement saisi l'importance de l'édition indépendante pour la promotion de la liberté d'expression d'un pays colonisé afin d'améliorer le niveau des connaissances de la population. Nguyễn Văn Vĩnh a racheté une imprimerie cédée par un Frère maçon français Schneider. Des frères maçons tels que Nguyễn Văn Vĩnh, Phạm Huy Lục, Nguyễn Văn Luận Nguyễn Văn Vĩnh ont créé ensemble une société d'édition et d'imprimerie.

Ils ont rejoint l'Association de Khai Trí Tiến Đức au sein de laquelle participaient des frères maçonniques tels que Trần Trọng Kim, Phạm Huy Lục, Hoàng Minh Giám, Dương Quảng Hàm, Nguyễn Quang Oánh père et fils, Nguyễn Văn Luận và Nguyễn Khắc Kham... Nguyễn Khắc Kham était directeur d'école à Saigon. Il a ensuite vécu aux États-Unis où il devenu professeur ... Lorsque l'imprimerie de Nguyễn Văn Vĩnh est tombée en faillite du fait de mauvais investissements, Nguyễn Văn Luận a racheté ce fonds d'édition indépendant utilisé également comme point de rencontre des amis.

Nguyễn Văn Vĩnh ayant fait faillite est parti au Laos, espérant trouver de l'or pour payer ses dettes et réaliser son rêve de poursuite d'une activité libérale.

Ses funérailles ont été organisées solennellement selon les rites maçonniques ~~à~~ par la loge "La Fraternité Tonkinoise " situé ~~à~~ au 107 Trần Hưng Đạo à Hanoi.

2. NGUYỄN ÁI QUỐC (1890-1969)

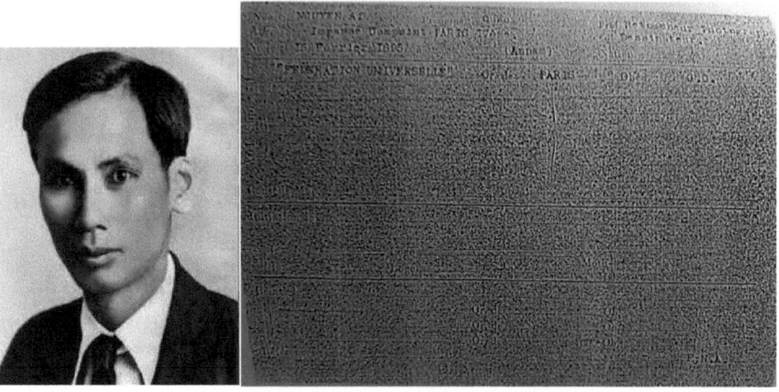

Nguyễn Ái Quốc est à lui seul un cas particulier. Il est parti pour la France pareil Cao Triều Phát pour s'embaucher comme ouvrier. Cao Triều Phát était interprète. Nguyễn Ái Quốc a travaillé comme aide-cuisinier à bord du train qui le conduisait vers la France. Il était enseignant de profession avant son départ. Se rendant en France, il a également participé à la rédaction de journaux. Nguyễn Ái Quốc était ainsi le rédacteur en chef du journal Paria, un journal français de l'Union Coloniale publié à Paris depuis avril 1922. Il a quitté la France pour la Russie peu de temps après. Nguyễn Ái Quốc a participé au 1er Congrès International des Agriculteurs. Il a été élu au Présidium international des paysans, composé de 11 membres.

Pendant son séjour à Paris, ses aspirations ~~à~~ en faveur de la liberté, de l'égalité, de la fraternité, de l'humanisme et son désir de libération coloniale l'ont poussé à adhérer à la FM par l'intermédiaire de ses compatriotes intellectuels patriotes et grâce à ses amis progressistes français.

Sa fiche de membre maçonnique mentionne clairement le métier de "retouche de photos", résidant ~~à~~ impasse Compoint dans le 17ème arrondissement de Paris. On peut se demander pourquoi La franc-maçonnerie qui n'admet que des personnes d'origine indochinoise strictement sélectionnées, a initié Nguyễn Ái Quốc, simple retoucheur de photos. En fait, la retouche de photo à cette époque exigeait une excellente connaissance des techniques photographiques tout à fait différente des techniques actuelles simplifiées par l'utilisation des machines modernes dont le maniement est très facile. Les ateliers photographiques du début du XXe siècle étaient rares, même en France. Seuls des personnes qualifiées pouvaient se permettre de retoucher des photos. Cette activité a permis à Nguyễn Ái Quốc de rencontrer des clients de la bourgeoisie. Il pouvait à la fois gagner facilement sa vie et apprendre l'art de la photographie qui lui serait utile à l'avenir dans son métier de journaliste.

Les francs-maçons français ont bien prévu le parcours de ce retoucheur de photos qui aspirait ardemment à la libération de son peuple. D'après d'autres sources documentaires maçonniques, grâce notamment à l'introduction de M. Boulanger, Nguyễn Ái Quốc a été admis à la loge "La Fédération universelle" du GODF en 1922. Nguyễn Ái Quốc a posé une lettre de motivation à l'École Coloniale spécialisée dans la formation des fonctionnaires, mais sa candidature a été rejetée. Espérait-il devenir une sorte de mandarin pour avoir la possibilité de contacter les puissants et obtenir ainsi le soutien de la classe dirigeante pour réaliser son rêve de ~~la~~ décolonisation ? S'il avait été formé dans cette école, que se serait-il passé pour le destin du peuple vietnamien ? Un an plus tard, Nguyễn Ái Quốc a choisi la voie du Parti communiste français. Ceci est très compréhensible car le Parti communiste de cette époque attirait les classes sociales exploitées. La libération de la colonie correspondait à la libération de toutes les classes opprimées, tandis que la franc-maçonnerie n'admettait que les élites talentueuses, éduquées et riches, en bref la classe moyenne ou la bourgeoisie. C'est pourquoi il a choisi le parti communiste comme parti de la classe ouvrière, des pauvres et des opprimés. L'aspiration à l'indépendance et à la libération de l'oppression coloniale est l'aspiration commune du peuple colonisé.

Photo : Grande manifestation ~~a~~ et défilé où l'on peut voir les gigantesques portraits de Hồ Chí Minh, Truman, et Tchang Kaï-chek, en 1945 (photo de Henri Estimac)

De nombreux fonctionnaires coloniaux d'origine indochinoise ~~à~~ de l'époque soutenaient également cette idée et ce n'est donc pas un hasard si de nombreux intellectuels ont abandonné leurs fonctions publiques afin de se cacher dans la forêt pour suivre le chemin de Nguyễn Ái Quốc et pour rejoindre la résistance contre les Français. Tous avaient le même objectif : la liberté de la Nation. La photo ci-dessus prise en 1945 lors des manifestations pour l'indépendance du Vietnam, exprime l'aspiration à une alliance avec la Chine non communiste de Tchang Kai Chek, ainsi qu'avec les États-Unis. Le Vietnam qui était un pays jeune faible économiquement et militairement, espérait que cette alliance contribuerait à le libérer complètement de la colonisation française. Harry Truman (1884-1972), est le président qui a succédé au président Franklin D. Roosevelt décédé en 1944. Il était membre maçonnique de la loge de Belton, Missouri depuis 1911. Chiang Kai Chek a remplacé le président Sun Yat-sen premier président de la République de Chine, mort en 1925 et le chef du Parti nationaliste ce dernier étant franc-maçon. La mission Cao Dai à l'étranger, au Cambodge, a remplacé l'effigie d'un écrivain Nguyễn Bỉnh Khiêm par l'image de Sun Yat-sen selon la commande d'un frère maçonnique. Sun Yat-sen a eu l'honneur d'être nommé dans une loge maçonnique de Macao, comme Victor Hugo et Voltaire qui ont été affiliés à des loges françaises. Hồ Chí Minh était également un ancien membre de la FM. Lorsqu'il s'est rendu en France en 1946 pour signer un accord, il était accompagné par un frère maçonnique Jean Sainteny. Etait-ce également un symbole de volonté de fraternité universelle ?

HCM et J. Sainteny dans le vol vers Paris en 1946

La photo : Hồ Chí Minh serre la main de l'ancien ministre Marius Moutet (un franc-maçon célèbre, avocat de l'organisation indépendante vietnamienne fondée par Hồ Chí Minh) avant de quitter Paris pour retourner au Vietnam en 1946.

Lorsqu'il s'est rendu à Paris en tant que président de la République Démocratique du Vietnam, Hồ Chí Minh a profité de la fraternité universelle maçonnique pour résoudre le problème du Vietnam.

Le président Truman revêtu de ses décors maçonniques

Logo de la loge de Macau

Ce timbre de la République de Guinée, symbolise la fraternité universelle. Tchang Kaï-chek et Churchill, initié en 1901 à la loge Studholme, n ° 1591, et Roosevelt (1933-1945), F maçon de la loge Holland n ° 8 et 32e président des Etats-Unis. Les trois personnages de ce timbre sont considérés comme les représentants de la protection de la paix mondiale. Churchill (1874-1965), qui est devenu Premier Ministre britannique durant la seconde guerre mondiale, est considéré comme l'un des principaux leaders de la victoire contre l'Allemagne nazie. Après seulement un an d'appartenance à une loge maçonnique il est devenu le maître de la loge Rosemary qui portait le n ° 2851.

A partir de 1922, Nguyễn Ái Quốc a pour sa part étudié la doctrine communiste et tout particulièrement le parti communiste français. Ainsi il a toujours trouvé le moyen de tenter de sauver son pays par le biais d'organisations progressistes qui louent les idéaux de Liberté – d'Égalité – de Fraternité et d'anticolonialisme.

3. NGUYỄN KIM ĐÍNH (? -1929)

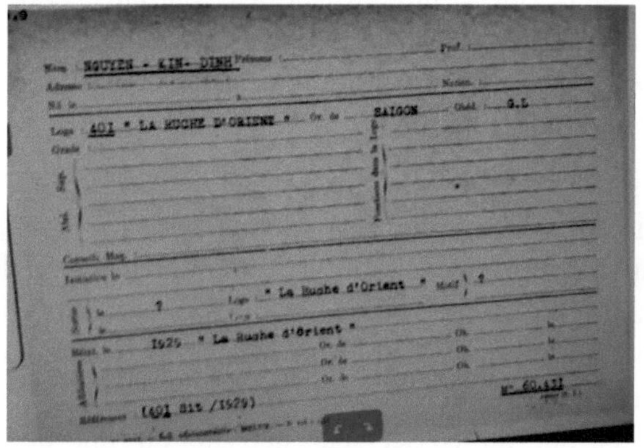
NGUYEN - KIN- DINH
401 " LA RUCHE D'ORIENT " SAIGON G.L
" La Ruche d'Orient "
1925 " La Ruche d'Orient "
(401 Sit /1929)

Originaire de Thủ Đức Nuyễn Kim Đính a travaillé dans les chemins de fer avant de se convertir au journalisme. Il a dirigé le journal Nông Cổ Min Đàm *(Causeries sur l'agriculture et le commerce)* en tant que directeur général "Công Luận"*(L'Opinion)* et est devenu membre du conseil municipal de Saigon. Il a souhaité publier son propre journal en langue vietnamienne et a rencontré de nombreuses Frères maçonniques du fait de la législation du gouvernement colonial. Il a été contraint de demander à un Français influent, Henry Chavigny de la Chevrotière, d'obtenir une autorisation de publication. Ce français disposait d'un grand pouvoir, a permis qu'en seulement trois jours, Nguyễn Kim Đính obtienne une licence et devienne directeur du Courrier Indochinois de 1923 à 1927. En décembre 1924, il invita Trần Huy Liệu à devenir rédacteur en chef (de janvier 1925 à juillet 1926). Le journal était un forum critique envers le gouvernement colonial. Il s'est développé rapidement, au fil de l'actualité, et a exalté l'amour de la patrie ce qui a effrayé les autorités. Grâce à la participation de l'éditeur en chef Nam Kiều Trần Huy Liệu, ce journal a rassemblé de nombreux écrivains prestigieux patriotes tels que Bùi Thế Mỹ, Bùi Công Trừng, Bút Trà, Phú Đức, Nam Đinh, Viên Hoành ...

Le journalisme était très dificile à cette époque. Certains intellectuels ont voulu utiliser les journaux pour diffuser l'esprit patriotique. Les journaux rédigés en langue vietnamienne ont rencontré des obstacles de la part du gouvernement colonial.

Les colons refusaient la propagande propatriote. Certains propriétaires d'imprimeries indépendantes et de journaux libéraux étant tombés en faillite, ont été contraints de vendre leurs entreprises. Trung Bắc Tân Văn de Nguyễn Văn Vĩnh a été vendu à Nguyễn Văn Luận. Nguyễn Kim Đính a pour sa part dû céder le journal à Diệp Văn Kỳ en 1927. De nombreux journaux ont dû cesser leur activité du fait de leur fort endettement.

Nguyễn Kim Đính est initié à la loge "Ruche d'abeilles", Saigon.

Nguyễn Kim Đính est l'auteur de l’ouvrage intitulé "Le bon exemple d’un intellectuel patriote ", Ed. Saigon, 1926, qui compile des documents sur Phan Chu Trinh en vietnamien. Aux obsèques de Phan Chu Trinh le 24 mars 1926, étaient présents des frères maçons patriotes tels que Bùi Văn Chiêu (Président du conseil départemental de Cochinchine, Parti constitutionnel) ainsi que Nguyễn Văn Thinh, Nguyễn Phan Long, và Nguyễn Kim Đính. Le patriotisme de ces membres est très divers. De l’édition de livres en langue vietnamienne, à la louange du sentiment patriotique et à la lutte pour l'indépendance du savant Phan Chu Trinh, à l’audace de l’organisation des funérailles nationales de Phan Chu Trinh, la volonté forte d’indépendance est largement représentée. Cet épisode de la période coloniale a été particulièrement difficile.

4. PHẠM HUY LỤC (1888-1965)

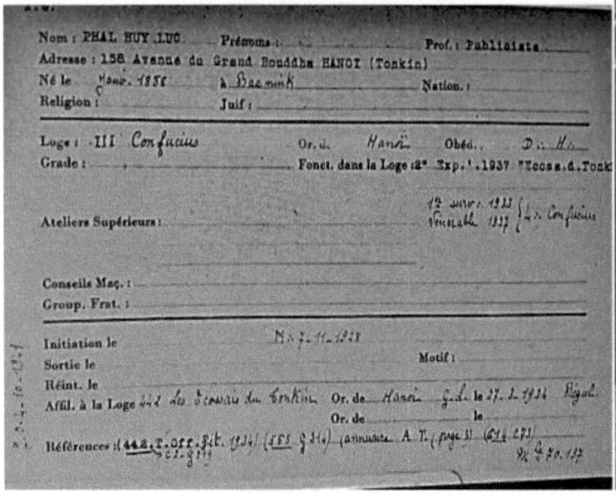
Nom : PHAL HUY LUC Prénoms : Prof. : Publiciste
Adresse : 158 Avenue du Grand Bouddha HANOI (Tonkin)
Né le à Nation. :
Religion : Juif :
Loge : III Confucius Or. de Hanoi Obéd.
Grade : Fonct. dans la Loge : 2° Exp.'.1937 "Ecoss.d.Tonk
Ateliers Supérieurs :
Conseils Maç. :
Group. Frat. :
Initiation le
Sortie le Motif :
Réint. le
Affil. à la Loge Or. de Hanoi le
Or. de le
Références :

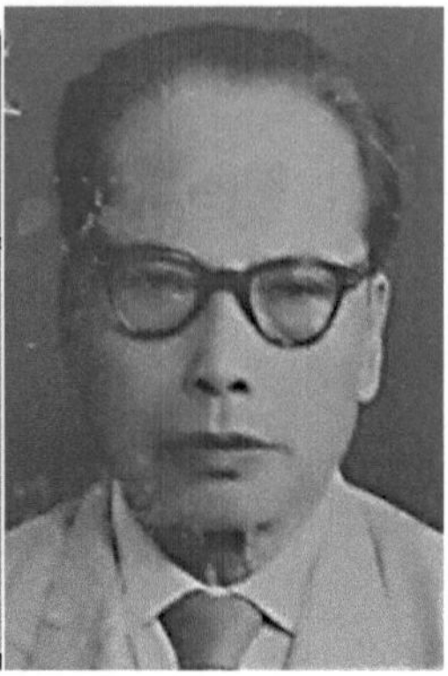

Phạm Huy Lục a été l'un des premiers maçons de la loge "le droit humain"au Vietnam. Il était un ami proche des journalistes célèbres Nguyễn Văn Vĩnh, Phạm Quỳnh et Nguyễn Văn Luận. Il a été le premier franc-maçon d'origine indigène à être nommé Grand Vénérable Maître de la loge Confucius à Hanoi au Tonkin. Sa nomination a été très critiquée par certains frères français envieux Cette opposition a renforcé le patriotisme des écrivains et des journalistes indochinois. Ils ont compris la devise pour eux mensongère de la République Française : "Liberté, Égalité, Fraternité".

Phạm Huy Lục a participé à la promotion de l'apprentissage du "Quốc Ngữ" (langue vietnamienne). Il a rejoint le Parti socialiste (SFIO) avec Hoàng Minh Giám et a été élu président de l'Assemblée des députés tonkinois.

Son ouvrage a été rédigé en français afin de servir la franc-maçonnerie ainsi que ceux qui désiraient approfondir leur compréhension des droits de l'homme. Il a écrit ce livre alors qu'il était vice-président de la loge du droit humain, et M. Delmas, président, a rédigé la préface. M. Delmas était l'un des fondateurs de la loge Confucius de Hanoi et ~~le~~ Vénérable

Maître. Ces deux maçons ainsi que J. Lan, ont organisé les funérailles de Nguyễn Văn Vĩnh selon le rituel maçonnique.

En 1948 Phạm Huy Lục a quitté le Vietnam pour aller vivre en France. À la fin de sa vie, il n'avait toujours pas demandé la nationalité française, bien qu'il ait aidé de nombreuses personnes à obtenir leur naturalisation. Il n'a en tout et pour tout obtenu qu'un titre de séjour pour étrangers. Selon son fils aîné Phạm Huy Điển, son père ayant toujours voulu retourner à Hanoï, où ses souvenirs le portaient, a en conséquence décidé de ne pas changer de nationalité, même si ses enfants le poussaient dans ce sens afin de faciliter des procédures administratives complexes et dans le but d'obtenir une subvention avantageuse. À cette époque, les résidents étrangers devaient renouveler leur carte de séjour chaque année, procédure longue et compliquée.

Bien que Phạm Huy Lục ait été Vénérable Maître de la loge "Confucius" à Hanoi, le député de l'assemblée des députés du Tonkin a sans cesse désiré retourner ~~à~~ dans son pays natal, mais est décédé en terre étrangère. A son décès les Français étaient encore ~~à~~ sous le choc de la défaite de Điện Biên Phủ, et ses funérailles sont passées plus inaperçues que celles de Nguyễn Văn Vĩnh. Sa vie en exil a été pour lui d'une tristesse sans fin comme c'était le cas pour de nombreux frères de la diaspora utilisés comme supplétifs des Français. En quittant le Vietnam pour l'exil, de talentueux vietnamiens déjà mûrs ont été quasiment oubliés par le gouvernement français. Autrefois respectés au Vietnam, ils ont vécu par la suite à l'étranger, loin de chez eux, sans espoir de retour, alors que la guerre se poursuivait encore au Vietnam malgré le retrait des Français.

Ligue Française pour la Défense des Droits de l'Homme et du Citoyen

PUBLICATIONS DE LA SECTION DE HANOI

NHÂN-QUYÊN

Soạn-giả : PHẠM HUY-LỤC

Bài tựa của RAYMOND DELMAS

IMPRIMERIE TRUNG-BAC TAN-VAN

1935

Il a été le premier traducteur à publier le manifeste pour les droits de l'homme en vietnamien.

Vivant malgré lui en France, Phạm Huy Lục a continué à exercer des activités maçonniques à Paris. En 1958, il a fondé la loge nommée "les disciples de Mencius ". Après sa mort en 1965, cette loge majoritairement vietnamienne a été dissoute et ses membres ont rejoint d'autres loges du GODF. Phạm Huy Lục a été un membre actif de la FM et a rassemblé à ce titre nombre d'intellectuels vietnamiens. Mencius était un disciple de Confucius. L'adoption de ce nom signifie donc que ce sont les meilleurs élèves de Confucius (Hanoi et Saigon) - qui incarnent la vérité et l'éthique asiatique.

5. PHẠM QUỲNH (1892-1945)

P/O.

Nom : PHAM QUYNH

Loge 442 "LES ECOSSAIS DU TONKIN" Or. de HANOI Obéd. : G.L.

Vén.

en 1930. Motif : démission.

Références : (442 C.IIb-C.43) (614 A.24)

Ayant perdu ses parents prématurément, Phạm Quỳnh a été élevé par sa grand-mère Diplômé de l'École d'Interprétation en 1908, il a à intégré l'École d'Extrême-Orient à dès l'âge de 16 ans. Il était à la fois journaliste, écrivain et mandarin de la dynastie Nguyễn. Il a beaucoup écrit sous divers pseudonymes tels que Thượng Chi, Hoa Đường, Hồng Nhân… Il a été rédacteur en chef du magazine Nam Phong et chargé de cours au Collège Hanoi. Il est également l'un des fondateurs et président de La société d'Enseignement Mutuel du Tonkin créée en avril 1892.

Le siège de cette société était situé au 59 rue Hàng Đàn (actuellement 47 rue hàng Quạt, Hanoi. L'association comprenait plus de 100 participants, dont 19 Français. Lors de la création de la société, Nguyễn Văn Vĩnh avait 10 ans et Nguyễn Văn Tố 3 ans. Selon la presse et les informations disponibles, le fonctionnement de l'association grâce à Phạm Quỳnh, Nguyễn Văn Vĩnh et Nguyễn Văn Tố seuls est inexact. Sur les 3 personnes assurant le fonctionnement de l'association, 2 sont membres de la franc-maçonnerie. Ainsi, deux maçons sur les trois jouent des rôles clés. A la même époque, ces personnes et quelques autres intellectuels ont créé en 1919 une "Association pour la Formation Intellectuelle et Morale des Annamites", viết tắt AFIMA "Khai Trí Tiến Đức" ». Ces deux associations avaient le même objectif. L'association était dirigée par le chef du district Hoàng Huân Trung. Trần Trọng Kim était vice- président et Nguyễn Quang Oánh secrétaire. Il y avait donc deux frères dans le comité de direction, Trần Trọng Kim et Nguyễn Quang Oánh. Les Frères maçonniques actifs initiaux étaient constitués de 41 personnes. De nombreux intellectuels y ont participé tels que Nguyễn Mạnh Tường, Đặng Thái Mai, Dương Quảng Hàm, Phạm Duy Khiêm, Phạm Huy Lục et Vũ Ngọc Phan...

Les fondateurs de "l'Association pour la Formation Intellectuelle et Morale des Annamites " étaient également des membres actifs de l'autre Association tel que Phạm Quỳnh,

Nguyễn Văn Tố, Nguyễn Văn Vĩnh... La participation du chef du district Hoàng Huân Trung a facilité les activités associatives et l'acceptation par l'autorité coloniale. Dans l'association, figurait un franc-maçon bien connu Louis Marty, directeur des Frères maçonniques indigènes du Tonkin.

L'AFIMA exerçait son activité dans de nombreux domaines, mais essentiellement par l'intermédiaire d'un comité littéraire. Ce comité a apporté de nombreuses contributions au développement de l'écriture vietnamienne. Il a réalisé un dictionnaire vietnamien édité par l'imprimerie Trung Bắc Tân Văn. De nombreux membres maçonniques importants y ont contribué : Phạm Quỳnh, Nguyễn Văn Vĩnh, Trần Trọng Kim, Phạm Huy Lục, Nguyễn Văn Luận... De plus, l'imprimerie Trung Bắc Tân Văn appartient au franc-maçon Nguyễn Khắc Kham, diplômé en France, lui-même fils d'un maçon qui a rejoint le comité littéraire. De façon générale Trung Bắc Tân Văn est un lieu d'activités à la fois culturelles et maçonniques.

Le Comité littéraire a appelé les intellectuels à faire des dons de livres afin de créer une bibliothèque. De nombreux ~~livres~~ ouvrages précieux ont été fournis. Malheureusement, en 1945, du fait que l'existence d'associations françaises était mal considérée par le nouveau gouvernement et que le rôle de L'AFIMA était mal compris, celle-ci a été dissoute. L'ensemble des précieux livres a été confié secrètement par M. Phạm Huy Lục, alors président de l'AFIMA, à Hoàng Xuân Hãn afin d'en assurer la conservation. Ces livres ont été transportés par Hoàng Xuân Hãn et Nguyễn Khắc Kham à Saigon puis en France et ensuite aux États-Unis. Actuellement le sort de ces livres est inconnu, car les héritiers des fondateurs de la collection se sont désintéressés de la question.

Phạm Quỳnh a travaillé au Conseil consultatif du Tonkin, puis a été nommé au Conseil économique et financier d'Indochine. En 1932, il est convoqué à Hue par la dynastie Nguyễn et nommé chef du bureau, puis secrétaire principal sous le roi Bảo Đại jusqu'au coup d'État japonais. Sous le gouvernement Trần Trọng Kim, il s'est isolé à Hue. Sa mort reste un mystère ; peut-être a-t-il est assassiné par un opposant. Il a participé à la rédaction de journaux et à la propagation d'un idéal de coexistence pacifique entre la France et le Vietnam. Il a demandé au Gouvernement Français de rédiger une Constitution spéciale qui aurait précisé les droits fondamentaux du peuple vietnamien, ainsi que ceux de la cour et du gouvernement de protectorat.

6. TẠ THU THÂU (1906-1945)

Notre camarade TA-THU-THAU

Sorti de l'école Chasseloup Laubat, il a travaillé comme enseignant, puis ~~il~~ a terminé ses études en France en 1927. Il a rejoint le Parti de l'Annam indépendant de Nguyễn Thế Truyền dont il est devenu président. Il a publié avec Huỳnh Văn Phương le journal "La Résurrection "opposé au gouvernement colonial. Ce journal a finalement été suspendu et le parti dissout.

Il a par la suite assisté à la conférence de l'Union contre l'impérialisme en Allemagne. Il a rencontré des membres des partis de gauche à Paris, a notamment fait la connaissance de socialistes, a rencontré Félicien Challey, un franc-maçon et est entré en FM. Il était le leader du premier groupe trotskyste vietnamien. Il a participé avec d'autres expatriés à une manifestation de protestation devant le palais de l'Elysée contre l'exécution du révolutionnaire Nguyễn Thái Học et ses camarades nationalistes vietnamiens par le gouvernement colonial. Il a de ce fait été arrêté et expulsé. Il a participé à la publication du journal Prolétarien (1932), créé un journal en langue française (La Lutte) avec Nguyễn An Ninh, Phan Văn Hùm et Dương Bạch Mai. C'était un véritable militant révolutionnaire patriotique qui a été emprisonné à plusieurs reprises par les colonialistes français. Il a été condamné à deux ans avec sursis pour ses activités patriotiques. Il a par la suite toujours été actif ; il a été arrêté 6 fois et condamné 5 fois par le gouvernement colonial.

Libéré en 1944, il a projeté de fonder le Parti socialiste ouvrier, et est allé vers le nord afin d'y nouer des contacts. Il a été tué sur le chemin du retour, à la suite de désaccords entre opposants. Sa mort nécessiterait des explications qui dépassent le cadre de ce livre.

Titre du livre : Tạ Thu Thâu un militant révolutionnaire (1906-1945) Phương Lan (Bùi Thế Mỹ) Khai Trí, Sài Gòn, 1974

III.4. MÉDECINE

Les premiers vietnamiens à rejoindre la FM étaient nombreux à travailler dans le domaine médical. Ils étaient pour la plupart issus de familles aisées. Ces professions libérales pouvant être exercées de manière indépendante permettaient aux classes aisées d'investir en faveur de leurs enfants qui pouvaient ainsi ouvrir des pharmacies, des cliniques privées, etc.…

1.HOÀNG THỤY BA[5] (1902-1993).

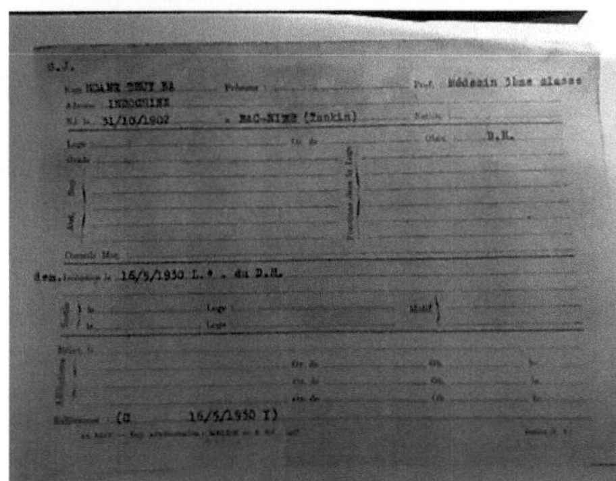

S.J.
HOANG THUY BA — Prof. Médecin 3ème classe
INDOCHINE
31/10/1902 à BAC-NINH (Tonkin)
D.H.
16/5/1930 L. . du D.H.
(C 16/5/1930 I)

Hoàng Thụy Ba, était le fils du chef du district Hoàng Thụy Chi. Diplômé de la faculté de médecine d'Indochine, il est allé étudier en France pendant ses deux dernières années de formation. Il y a terminé sa thèse de doctorat en 1928 sur le thème "l'étude des tumeurs de l'endomètre recto-vaginal" à la Faculté de Médecine de Paris. A son retour en Indochine, il a travaillé à Tuyên Quang, endroit isolé à l'époque.

Hoàng Thụy Ba a été président de la première association médicale du nord du Vietnam. Il s'agissait d'une association non gouvernementale composée d'intellectuels et de scientifiques, qui était indépendante du pouvoir politique.

---

5 http://www.skcd.vn/gia-dinh-co-bac-sy-hoang-thuy-ba-danh-gia-si-phu-bac-ha-thoi-hien-dai/tin-86.html

Cette organisation professionnelle regroupait des médecins travaillant aussi bien dans les hôpitaux publics et que privés… Hoàng Thụy Ba a demandé au gouvernement colonial conjointement avec ses collègues que soient prises des mesures d'exemption des taxes hospitalières et sur les services de maternité.

Il a été initié à la ligue du droit humain.

Hoàng Thụy Ba était directeur de l'hôpital de la province de Hưng Yên jusqu'à la révolution d'août 1945. Pendant la résistance, il était directeur de la santé de la zone XI (1946-1947), chef du département de la santé de Hanoi – Hà Đông (1947-1950). En juin 1950, il dirigeait l'école des sages - femmes interzone III-IV à Thanh Hóa.

Il a été élu membre du Comité exécutif de l'Association générale de médecine et de pharmacie du Vietnam, ainsi que membre de la Croix-Rouge du Vietnam. Il a reçu la Médaille de troisième classe pour son action dans la résistance anti-américaine.

Le médecin Hoàng Thụy Ba, au nom du peuple de Hanoi, a offert des fleurs au président Ho Chi Minh après 1954.

Selon les indications de son fils, le poète Hoàng Hưng, HTB a vendu de l'or appartenant à sa famille pendant la guerre de résistance anti-française, pour acheter de la nourriture aux étudiants de l'école de sages-femmes de Thanh Hóa qu'il dirigeait.[6]

2. HUỲNH KIM HỮU

G.
Nom : HUY-NH-KIM-HUNU Prénoms : Prof. : docteur médecin.
Adresse : II7 Bue d'Espagne SAIGON.(Cochinchine)
Né le à
Religion : Juif : Nation. :

Loge 6I4"KHONG PHU TSEU" Or. de SAIGON Obéd. : G.L.
Grade : 1er Fonct. dans la Loge :

Ateliers Supérieurs :

Conseils Maç. :
Group. Frat. :

Initiation le A.27.7.I937.
Sortie le Motif :
Réint. le
Affil. à la Loge Or. de le
Or. de le

Références : (614 G.O-liste médecins B.26(G.69-64-31t/I937) M= 72656

En 1937, le médecin Huỳnh Kim Hữu a rejoint la loge "Confucius" de Saigon. Il vit au n° 117, rue d'Espagne à Saigon.

En 1953, lorsque Ngô Đình Nhu fonda secrètement le "Parti personnaliste révolutionnaire des travailleurs" (Cần Lao Nhân vị), afin d'attirer des personnes de religions différentes Huỳnh Kim Hữu, qui n'était pas catholique a joué un rôle clé dans ce parti. Peu à peu, Ngô Đình Nhu a eu tendance à vouloir transformer ce parti en parti catholique des travailleurs, de sorte qu'un certain nombre de personnes connues, non catholiques comme Huỳnh Kim Hữu, ont quitté le parti.

6 https://hoanghungpoems.wordpress.com/2017/11/29/loi-song-nguoi-ha-noi-xua-qua-ba-the-he-mot-gia-dinh-tri-thuc/

Huỳnh Kim Hữu a remplacé Phạm Hữu Chương au poste de ministre de la Santé au sein le gouvernement réformé de Ngô Đình Diệm (nomination du 24 septembre 1954).

Originaire du sud, chef du groupe "Esprit ", Il a rejoint en avril 1955, le Comité national révolutionnaire (rebaptisé ultérieurement "Comité national révolutionnaire du peuple ") dont le président était Nguyễn Bảo Toàn du parti "peuple Dân Xã "; Le vice-président était Hồ Hán Sơn de la "ligue nationale pour la restauration du Vietnam" (Cao Đài) et le secrétaire était le major Nhị Lang (Cao Đài) afin de soutenir le Premier ministre Ngô Đình Diệm. Malgré cela Nguyễn Bảo Toàn et Hồ Hán Sơn ont été assassinés par Ngô Đình Diệm.

Avec le médecin Phạm Hữu Chương, lui-aussi franc-maçon il a adhéré au groupe libéral radical "Caravelle" qui protestait contre le népotisme de Ngô Đình Diệm et exigeait la transparence électorale.

3.NGUYỄN VĂN THINH (1888-1946).

Fils d'une famille de grands propriétaires Cochinchinois Nguyễn Văn Thinh était de nationalité française et avait reçu une éducation française. Il était arrivé en tête de sa promotion à l'Université de médecine d'Indochine. Il s'est rendu en France en 1907 pour y soutenir sa thèse de docteur en médecine. Il est l'un des premiers Vietnamiens à avoir été nommé à l'internat de médecine à Paris. Il a travaillé à l'Institut Pasteur de Paris.

Politiquement engagé, il a fondé l'Association nationale pour user la langue nationale vietnamienne "Quốc Ngữ"en Cochinchine, et a été président de l'association de lutte contre la faim en Cochinchine. Il a rejoint à ses débuts en 1926 le Parti Constitutionnel avant de fonder le Parti démocrate en 1937. Il a été élu président du gouvernement provisoire de Cochinchine au cours de la période 1946-1948.

Il est nommé Premier ministre et ministre de l'Intérieur du gouvernement provisoire de Cochinchine le 26 mars 1946, au sein duquel l'avocat franc-maçon Trần Văn Tỷ exerçait les fonctions de ministre de la Justice, et auprès duquel l'écrivain Hồ Biểu Chánh avait un rôle de conseiller. Ce gouvernement était soutenu par un certain nombre de hauts dignitaires indochinois tel que l'amiral d'Argenlieu, haut-commissaire Français.

Par suite de l'échec de la formation d'un gouvernement proposé par la France et pour d'autres raisons obscures, il s'est pendu.

4. **NGUYỄN VĂN LUYỆN (**1898 – 1946)

Natif de Bac Ninh, diplômé avec mention de la faculté de médecine d'Indochine, il a obtenu une bourse pour la France afin d'y faire une thèse de médecine sociale portant sur la mortalité infantile au Vietnam. De retour au pays, il a ouvert une clinique privée à Ngõ Trạm, 167 rue Phùng Hưng, Hanoi. Il a rejoint la loge "Confucius" avec Phạm Huy Lục où il venait souvent pour préparer les tenues périodiques. Le docteur Nguyễn Văn Luyện était également le médecin familial de M. Phạm Huy Lục[7].

NVL a été médecin assistant de classe 5 au camp de lépreux de Hà Đông.

Il est l'auteur du livre "Guide de la maternité pour des mères et des nouveau-nés". Avec Hoàng Minh Giám il était membre du comité exécutif du Parti démocrate sur le front vietnamien. Il a été élu membre de la 1ère Assemblée nationale à Hanoï. Toujours avec Hoàng Minh Giám, il a participé à la délégation de l'Alliance des Vietnamiens afin d'organiser les négociations de la conférence de Fontainebleau en septembre 1946.

En 2018, la maison d'édition militaire a publié le livre "Médecin Nguyễn Văn Luyện et son époque" compilé par Nguyễn Xuân Hải. Son épouse Phùng Thị Thược (1904-1979) a reçu le titre de mère héroïque décerné par le gouvernement vietnamien pour avoir eu un mari, des enfants et un jeune frère décédé en restant à Hanoi pour participer à la défense de la capitale contre l'armée française.

Son ancienne maison est actuellement la résidence de l'ambassade de Cuba.

---

[7] Info fournie par le docteur Pham Huy Điền fils de Phạm Huy Lục

Hồ Chủ tịch và các đại biểu Quốc hội khóa I ra mắt cử tri Hà Nội (Bác sĩ Nguyễn Văn Luyện đứng thứ tư từ trái qua). Ảnh: Nguyễn Bá Khoán.

Nguyễn Văn Luyện le 3eme en partant de la gauche le jour de la présentation des candidats au vote à Hanoi

5. NGUYỄN XUÂN BÁI (1892- 1972)

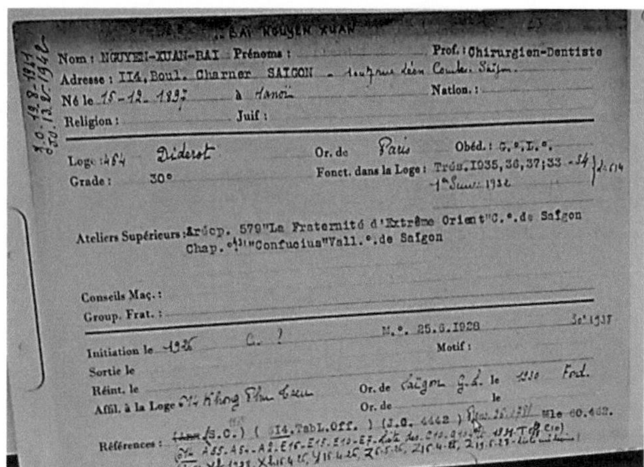

BAI NGUYEN XUAN

Nom : NGUYEN-XUAN-BAI Prénoms : Prof. : Chirurgien-Dentiste

Adresse : II4, Boul. Charner SAIGON

Né le 15-12-1897 à Hanoï Nation. :

Religion : Juif :

Loge : 464 Diderot Or. de Paris Obéd. : G.·.L.·.

Grade : 30° Fonct. dans la Loge : Trés. 1935, 36, 37; 33-34

Ateliers Supérieurs : Aréop. 579 "La Fraternité d'Extrême Orient" O.·. de Saigon
Chap. "Confucius" Vall.·. de Saigon

Conseils Maç. :

Group. Frat. :

M.·. 25.6.1928

Initiation le 1926

Motif :

Sortie le

Réint. le Or. de Saigon le 1930

Affil. à la Loge Or. de le

Références : (S.C.) (514.Tabl.Off.) (J.O. 4442) Mle 60.462.

Diplômé de la faculté de médecine, en spécialité dentaire, avec une thèse soutenue en France en 1920 portant sur les "Evénements survenus lors du développement des os des dents de sagesse", il revient au Vietnam en 1925. Il a travaillé comme médecin assistant de 4e classe pendant deux ans.

Après avoir été initié à la loge Diderot à Paris il rejoint la loge Confucius en 1934 après son retour au pays. Sur le plan professionnel il a ouvert une clinique privée à Saigon. En 1947, pendant la résistance nationale, il participe à des mouvements pacifistes exigeant que les Français mettent fin à leurs ambitions en Indochine et libèrent les prisonniers politique. Avec des amis de l'intelligentsia indochinoise tels que Lưu Văn Lang, Trịnh Đình Thảo, Nguyễn Hữu Thọ, il a signé la Déclaration (bilingue) des intellectuels de Saigon-Cholon intitulée "Manifeste des intellectuels de Saigon-Cholon" en réponse à la proposition de négociation envoyée par le gouvernement démocratique du VN le 25 avril 1947 pour le gouvernement français, dans le but de mettre fin à la guerre, et de construire la paix au Vietnam. Cette lettre de proposition a été remise en main propre au haut-commissaire français Emile Bollaert qui est retourné en France.

Avec de nombreuses personnalités du Sud du pays telles que Lưu Văn Lang, Hồ Văn Nhứt, Thượng Công Thuận, Dương Minh Thới, il a rejoint divers mouvements patriotiques pour la paix et l'indépendance.

Selon des documents, Nguyễn Xuân Bái est né Hanoi mais il est en fait originaire du village de Đa Ngưu, district de Văn Giang, Hưng Yên.

Il était Maitre maçon et trésorier à la loge Confucius dans les années 1935-1937. Il est le père de Nguyễn Xuân Oánh, expert en économie reconnu qui a enseigné à Harvard, est devenu directeur général de la Banque nationale de Saïgon et a exercé les fonctions de vice-premier ministre chargé des affaires économiques et financières. Il s'est marié avec une célèbre actrice de cinéma. Son fils Nguyễn Xuân Oánh était également un intellectuel non communiste que le gouvernement Vietnamien a utilisé pour son talent. Il a hérité de son père une attitude empreinte de générosité en faveur d'un Vietnam indépendant et prospère.

Lorsqu'un pays est en guerre, la participation de son intelligentsia pour l'indépendance est précieuse, car elle doit sacrifier ses intérêts propres et mettre le salut du pays au premier plan. Même si la majorité des fonctionnaires de haut niveau du gouvernement français étaient riches le dentiste Nguyễn Xuân Bái a toujours encouragé les patriotes vietnamiens à se présenter aux élections du Conseil de la Cochinchine.

6. PHẠM NGỌC THẠCH (1909-1968)

En 1934, il passe son diplôme de médecine en France. Deux ans plus tard, il repart vers Saigon où il ouvre une clinique privée et un hôpital spécialisé dans le traitement de la tuberculose et des maladies pulmonaires. Il était membre actif à de la loge Confucius à Saigon dès 1937, avant de rejoindre FB3-Indo. Il a été nommé ministre de la Santé du gouvernement de la République démocratique du Vietnam. Sa femme était française ce qui a facilité ses activités. A la mort de son fils tenue secrète, il a adopté le fils qu'un franc-maçon Vidal avait eu avec la fille d'un grand dignitaire caodaiste Phạm Công Tắc pour faciliter la participation de cet enfant métis à FB3-Indo.

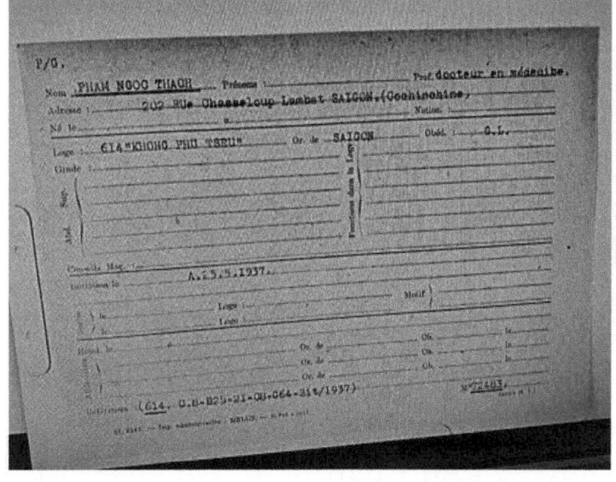
P/G.
Nom : PHAM NGOC THACH Prénoms : Prof. docteur en médecine.
Adresse : 202 Rue Chasseloup Laubat SAIGON.(Cochinchine)
Loge : 614 "KHONG PHU TSEU" Or. de SAIGON Obéd. : G.L.
A.25.5.1937.
N° 72483.
(614. G.B-B25-21-CU-064-31t/1937)

Phạm Ngọc Thạch a rejoint la résistance et la révolution très tôt. Il a fondé l'union de la jeunesse, une puissante force qui a formé le noyau du mouvement de masse pour prendre le pouvoir pendant la révolution d'août. Il a été le premier président de l'Union des jeunes du Vietnam.

Il fut le premier ministre de la Santé du Vietnam indépendant (Gouvernement provisoire de la République démocratique du Vietnam (9/1945 - 1/1946). À partir de 1954, il fut vice-ministre, secrétaire général du parti communiste du ministère de santé. (1954-1958), ministre de la Santé (1958-1968). Il a bâti un système de santé populaire au Nord. Sa contribution à la médecine du Sud est remarquable. Il a soigné des blessés relevés sur les champs de bataille du sud. Dès 1955, il a regroupé un noyau de cadres du sud du pays, essentiellement des infirmières, formé des médecins, ainsi qu'un surplus de soignants, des pharmaciens pour ce front du sud où il ~~est~~ a trouvé la mort.

Il est le fondateur de l'Institut contre la tuberculose. Il a dirigé de nombreux projets de recherche sur cette maladie (décès par BCG), traitement palatoplastie. Il a par ailleurs effectué des recherches concernant d'autres maladies pulmonaires (bronchite chronique, pneumoconiose, mycose pulmonaire, parasites pulmonaires, etc.), se basant sur la tuberculose et les maladies pulmonaires répandues au Vietnam. Il a élaboré un réseau de santé vietnamien et mis en place des organisations médicales de base afin de créer une politique de soins de santé primaires ~~à~~ pour l'avenir. Il a été décoré à titre posthume de la médaille Hồ Chí Minh (1996).

7. PHẠM HỮU CHƯƠNG (1907-1973)

Docteur en médecine, diplômé en France en 1934, il ouvre une clinique privée dans l'impasse Tram, à Hanoi. Il a rejoint la loge Confucius de cette même ville en compagnie de Nguyễn Văn Luyện et Nguyễn Văn Luận … Il a été candidat du Front Démocratique en juillet 1938, et a été élu délégué de Hanoi avec Bùi Ngọc Ái et Phan Thanh. Nguyễn Văn Luyện et Phạm Hữu Chương sont les médecins de famille de Phạm Huy Lục.

En 1938, Nguyễn Văn Tố a créé une association pour la diffusion de la langue nationale, dont il était président. Un certain nombre de franc-maçons ont participé activement à cette association, dont le docteur Phạm Hữu Chương qui y occupait le poste de secrétaire-adjoint, ainsi que Trần Trọng Kim et Lê Thước qui exerçaient un rôle de conseillers.

En 1949, conformément au décret 33 / SL, Hồ Chí Minh l'a nommé directeur d'une clinique de santé rurale.

SÁC LỆNH
CỦA CHỦ TỊCH NƯỚC VIỆT NAM DÂN CHỦ CỘNG HOÀ
SỐ 33-SL NGÀY 4 THÁNG 3 NĂM 1950

CHỦ TỊCH
NƯỚC VIỆT NAM DÂN CHỦ CỘNG HOÀ
HỒ CHÍ MINH

Chiểu Sắc lệnh số 145-SL ngày 22 tháng 12 năm 1949 thành lập Nha Y tế thôn quê;
Chiểu Sắc lệnh số 7-SL ngày 20 tháng 1 năm 1950 tổ chức Văn phòng các Bộ và các cơ quan trực thuộc các Bộ;
Chiểu đề nghị của Bộ trưởng Bộ Y tế;
Theo quyết nghị của Hội đồng Chính phủ;

RA SẮC LỆNH:

Điều 1: Nay cử Bác sĩ Phạm Hữu Chương, nguyên Trưởng ban truyền bá vệ sinh và Tân y học Liên khu 3, giữ chức Giám đốc Nha Y tế thôn quê.

Điều 2: Bộ trưởng Bộ Y tế chiểu Sắc lệnh thi hành.

ÔNG PHẠM HỮU CHƯƠNG LẠI DIỄN THUYẾT

Trái với tin đã đăng trong *Việt Đức* số 3, ông Phạm hữu Chương, người ứng cử do Mặt trận Dân-chủ đưa ra lại nhất định diễn thuyết.

Có ai hiểu tại sao ông lại đổi ý một cách chóng vánh như thế không ?

Duyên do có gì đâu !

Chỉ tại ông Chương đã để mắt đến một bài đăng trong báo *Avenir du Tonkin*.

Đoạn ấy như sau này :

« ... Thì cái ông Bác sĩ ấy nói lắp nào có phải lỗi tự ông ấy đâu ? Nhưng lẽ ra, ông ấy cũng nên tránh những cuộc hội họp công đồng mới phải. Sau khi ở Pháp về, ông có tổ chức một cuộc diễn thuyết tại một tỉnh kia. Cuộc diễn thuyết đầu tiên ấy thế nào lại biến ra thành một cuộc diễn thuyết tranh luận. Những học trò trường Cao-đẳng tiểu-học

En 1954, il se rend à Saigon car il soutient Ngô Đình Diệm. Il fonde le Service d'aide aux Migrants. Avec ses amis il accueille des migrants transfuges du Nord. En cette même année 1954, il est invité à rejoindre le cabinet du gouvernement de Ngô Đình Diệm en tant que ministre de la Santé et des Activités sociales, fonction qu'il quitte au bout de deux mois

. Il a également travaillé dans l'équipe gouvernementale du prince Bửu Lộc. En 1957, il ~~a~~ participe à une conférence culturelle où il dresse un tableau des problèmes de santé au

Vietnam. Phạm Hữu Chương est un combattant farouche pour la démocratie, la liberté et le progrès. Avec d'autres personnes reconnues il a formé en 1960 à l'hôtel Caravelle le groupe "Caravelle". Ce célèbre hôtel accueillait des politiciens connus. Ce groupe qui exalte la Liberté et le Progrès, est le premier groupe à avoir ouvertement protesté contre le gouvernement du Sud-Vietnam de l'époque.

Selon le docteur Nguyễn Lưu Viên résidant dans l'état américain de Virginie, à qui la rédaction de la lettre de protestation a été confiée, Phạm Hữu Chương et 17 intellectuels connus du Sud dont Trần Văn Văn, Phan Khắc Sửu, Trần Văn Hương, Nguyễn Lưu Viên, Lê Ngọc Chấn, Huỳnh Kim Hữu, Phan Huy Quát, Trần Văn Đỗ, Trần Văn Tuyên, Trần Văn Lý, Nguyễn Tăng Nguyên, Nguyễn Tiến Hỷ, Lê Quang Luật, Tạ Chương Phùng, Trần Lê Chất, Lương Trọng Tường et le prêtre Hồ Văn Vui, ~~a~~ ont signé une pétition adressée au gouvernement pour critiquer vivement les erreurs du gouvernement Diệm en matière politique, administrative, sociale et militaire, qui provoquaient le mécontentement de la population et la détérioration de la confiance envers le pouvoir. Le groupe soutient ouvertement le colonel Nguyễn Chánh Thi. Lorsque le coup d'État dirigé par ce colonel échoue, l'ensemble du groupe Caravelle est arrêté par le gouvernement en place et envoyé à Côn Sơn. Sept des 18 membres emprisonnés sont médecins ce qui démontre l'engagement militant de nombre d'entre-eux. Certains ont soutenu Ngô Đình Diệm comme Phạm Hữu Chương. Mais voyant un régime de népotisme et une tentative d'interdiction du bouddhisme traditionnel, plusieurs diplômés des facultés françaises promouvant la démocratie se sont prononcés contre ce gouvernement.

En 1963, Ngô Đình Diệm a été assassiné, son gouvernement a été renversé et le groupe de démocratie libérale "Caravelle " a été libéré. Certains membres du groupe ont continué à être actifs jusqu'en 1975.

Lorsque le gouvernement de Phan Huy Quát fut établi le 16 février 1965, Phạm Hữu Chương participa au conseil national de la constitution. Il mourut à Saïgon en 1972, alors que les Americains bombardaient le Nord-Vietnam.

8. TÂN HÀM NGHIỆP (1907-1990)

Le docteur en médecine, Tân Hàm Nghiệp a ouvert une clinique privée à Saigon au 56 rue Richaud. Il a été nommé ~~le~~ ministre de la Santé, des invalides de guerre et des victimes du gouvernement provisoire. C'est le seul maçon vietnamien à avoir réintégré la loge Confucius, rétablie par Maurice Weil dans le sud. Il a rejoint le cabinet du gouvernement intérimaire de Bửu Lộc en tant que ministre de la Santé, aux côtés de M. Phạm Văn Huyên, un franc-maçon assistant général de la Société du travail et des invalides.[8]

9. THẨM HOÀNG TÍN (1909-1991)

En 1937 Thẩm Hoàng Tín obtient son diplôme de docteur en pharmacie en France. Il ouvre une pharmacie privée à Cửa Nam. Membre de la franc-maçonnerie, il a été nommé maire

[8] Xem thẻ phần phụ lục

de Hanoi (1950-1952). Il a écrit une lettre aux franc-maçons en leur proposant de céder sur la question de l'indépendance du Vietnam. Mais sa proposition a été rejetée par les frères.

En août 1952, il démissionne. Son successeur est Đỗ Quang Giai. Après 1954, THT a participé au Front de la patrie à Hanoi.

Une étude sur les élus municipaux pendant la période coloniale française, avant 1954, a relevé qu'avant 1952 les maires de Hanoi étaient Français. Lorsque la situation au Vietnam se détériora et que le pays accéda à l'indépendance, les Français nommèrent aussitôt un franc-maçon Trần Văn Lai (21 juillet 1945-19 août 1945), soit deux mois à peine avant la révolution d'août. Par la suite, le gouvernement de la République démocratique du Vietnam a nommé Trần Duy Hưng maire (30 août 1945 - 12 décembre 1946) ; Après la reprise de Hanoi par les Français, sous le gouvernement de Bao Dai, Bùi Văn Quý (10/3 / 1948-12 / 1948) a été nommé maire ; Pendant la période d'occupation temporaire de Hanoi la fonction était exercée par Phan Xuân Đài (1er janvier 1949-27 février 1950. Vint ensuite Thẩm Hoàng Tín (1950-1952), son successeur Đỗ Quang Giai (1952-1954) étant également membre de la franc-maçonnerie. Ainsi, c'est seulement à partir de 1945-1954 que les Vietnamiens ont été autorisés à occuper cette importante fonction. Etant donné que la situation en Indochine était tendue, l'ensemble du pays entra en résistance. Le gouvernement français n'osait plus nommer de ressortissants Français à des fonctions importantes. C'est ainsi que la puissance occupante a été contrainte de nommer un Vietnamien à la mairie de Hanoi, ~~la~~ capitale de l'Indochine. Sur les 6 maires nommés par les Français, 3 étaient franc-maçons. Le docteur Trần Duy Hưng a été nommé par le gouvernement de la République démocratique du VN et Bùi Xuân Quý a été nommé par le roi Bảo Đại.

Les Français nommaient de façon naturelle des Vietnamiens pro-français aux postes d'édiles municipaux, mais ils ne réalisaient pas que certains "pro-français" en apparence avaient soif d'indépendance pour leur pays. Ils ont adhéré aux valeurs de la FM dans l'espoir d'y trouver une "liberté- Egalité -Justice" » pour eux-mêmes et pour leur peuple. Le maire de Hanoï Thẩm Hoàng Tín a envoyé clandestinement des médicaments dans la zone libre pour aider la résistance.

Nhà thuốc Thẩm hoàng Tín ở Hà Nội (ảnh của Thẩm Hoàng Long)

10. TRẦN VĂN LAI (1894-1975)

Trần Văn Lai a rejoint la loge "La fraternité Tonkinoise" en 1936. Il a travaillé comme assistant médical de 4e classe à Phú Thọ, puis à l'hôpital de Phủ Doãn. En 1945, il a été nommé ~~le~~ responsable de la ville de Hanoi (équivalent au poste de maire de Hanoi) sous le gouvernement de Trần Trọng Kim. Il n'a cependant exercé cette fonction que pendant deux mois du fait de la survenue de la révolution d'août. Il a refusé par la suite de travailler pour le gouvernement français, ~~de~~ mais n'a pas pour autant rallié la résistance ainsi que le faisaient beaucoup d'intellectuels à cette époque. Il a en conséquence été considéré par les Français comme "un intellectuel couvert (sans engager en aucune partie)". En tant que maire il a cependant modifié très rapidement, tous les noms de rues de Hanoi précédemment attribués par les Français, par les noms de héros Vietnamiens tels que Hai Bà Trưng, Bà Triệu, Trần Hưng Đạo, Lý Thường Kiệt, Trần Quốc Toản…

Il a été le premier intellectuel à soutenir le Comité de Hanoi, à signer la pétition pour la paix afin de provoquer une vague d'influence sur le front diplomatique. Cette pétition a été envoyée par l'avocat Nguyễn Mạnh Hà à Paris au journal Le Monde et ~~le~~ au journal L'Humanité sous le titre "Les Notabilités". Il avait précédemment été nommé vice-président du comité administratif de Hanoi et vice-ministre des invalides et des affaires sociales.

En fait, la modification des noms de rues de Hanoi a causé ~~le~~ un malaise chez de nombreux intellectuels vietnamiens. Nguyễn Văn Vĩnh a vainement proposé dans un certain nombre de réunions que soit édifiée une statue de la liberté par le gouvernement colonial, au sommet de la tour de la tortue - symbolisant l'âme vietnamienne. Le choix de cet endroit, lieu sacré pour le peuple est situé au milieu du lac Hoàn Kiếm où le roi lê Loi restitue l'épée à dieu, a été contesté par les intellectuels vietnamiens. Cette statue a finalement été érigée au jardin des fleurs de Cửa Nam …TVL a également ordonné l'enlèvement de toutes les statues coloniales françaises à Hanoi. De ce fait, lorsque les Français ont réoccupé Hanoi, et que la guerre de résistance a débuté, Trần Văn Lai a été enfermé à la prison Hỏa Lò par les Français. Un an plus tard, le ministre des Colonies, membre de la FM, se rendant à Hanoi, a pris des informations sur Trần Văn Lai et l'a fait libérer.

***

De nombreuses personnalités du secteur médical étaient politiquement très actives. Plusieurs d'entre elles ont signé une pétition contre le gouvernement népotiste de Ngô Đình Diệm et contre le trucage des élections. Certains tels Thẩm Hoàng Tín, Hoàng Thụy Ba ont envoyé des médicaments à dans la zone de résistance Ces intellectuels talentueux, recrutés à l'origine par les Français comme Huỳnh Văn Huy, pharmacien de 4e classe à l'hôpital Chợ Quán, Nguyễn Văn Đệ, pharmacien à l'hôpital Drouhet (Chợ Lớn), faisaient partie de ce groupe.

Cette équipe médicale talentueuse, le de culture française, par ailleurs souvent formée en France, a diffusé des articles de recherche en vietnamien afin de diffuser la science comme Phạm Hữu Chương ou Nguyễn Văn Luyện… Le dictionnaire médical a été traduit en vietnamien en 1934.

III.5. AUTRES SCIENCES

Durant cette période, le domaine scientifique en Indochine, n'est pas un attractif. Comme avant 1917, les concours de sélection étaient purement littéraires. Par ailleurs, ces disciplines exigent un travail d'équipe, ~~et~~ des laboratoires et des usines. Les Vietnamiens attachent de manière générale une grande importance aux professions libérales, telles que les professions juridiques (juges, avocats), médicales (médecins, pharmaciens) et universitaires (enseignants), alors qu'ils sont peu nombreux à étudier les sciences.

Ainsi, même au sud, le nombre d'étudiants inscrits à la faculté de droit était très élevé. L'entrée était libre, la réussite assez rare. Les familles riches destinaient souvent leurs enfants à la médecine. Par conséquent, le pourcentage de Vietnamiens ayant étudié la médecine en France durant la période coloniale a été beaucoup plus élevé que le nombre de personnes ayant étudié l'ingénierie. En fait, l'ingénierie est une discipline très exigeante, l'apprentissage est très difficile, mais en raison du grand nombre de personnes qui passent l'examen, la sélection est parfois plus élevée. En France, ces deux filières exigeaient l'excellence des élèves.

1.BÙI QUANG CHIÊU (1872-1945)

Nom : BUI QUANG THIEU Prénoms : Prof. : Vice Président du Conseil colonial
Adresse : 124 Boulevard Raspail - PARIS - (7e)
Né le 23/10/1873 à MOC-CI (Cochinchine) Nation. :
Religion : Juif :

Loge : FRANCE & COLONIES Or. de PARIS Obéd. : G.O.
Grade : 1°
Fonct. dans la Loge :

Ateliers Supérieurs :

Conseils Maç. :
Group. Frat. :

Initiation le A/21/12/1925
Sortie le Motif :
Réint. le
Affil. à la Loge Or. de le
Or. de le
Références :

Bùi-quang-Chiêu.

Bùi Quang Chiêu était lycéen à Alger, puis à Paris avant d'étudier l'agriculture à l'École Coloniale entre 1893 et 1895. Selon des archives françaises, il a été avec d'autres étudiants très fréquemment en contact avec le roi Hàm Nghi exilé pendant sa scolarité à Alger. Il a aidé le roi à envoyer de l'argent à sa sœur et à entrer en contact avec la cour et l'a aidé à apprendre l'écriture vietnamienne latinisée (Quốc Ngữ). Le roi Hàm Nghi était exilé à Alger depuis 1888 lorsque le mouvement Cần Vương "Pour le roi"contre les Français a échoué. Le 16 juin 1902, Bùi Quang Chiêu a écrit une lettre au roi Hàm Nghi lui exprimant son souhait de le voir retourner dans son pays natal du fait de l'évolution de la situation…

Il a été le premier Vietnamien à obtenir un diplôme ~~en~~ de génie agricole en France. Il a fondé le Parti constitutionnel en 1919, rejoint la loge "France-Colonies" en 1925, et a voulu profiter des idéaux progressistes, de l'esprit radical pour améliorer la situation coloniale. Grâce à sa victoire à l'élection du conseil colonial, dix des membres du Parti constitutionnel ont été élus et il a été nommé vice-président du conseil. Attaqué par les colonialistes conservateurs, il n'a pas progressé dans la franc-maçonnerie. Avec le Parti constitutionnel il a mené une campagne pour l'autodétermination nationale afin de progresser vers l'indépendance du Vietnam. Il était également membre du Parti Radical et Radical-socialiste. Il a ouvert une école privée "Ecole d'An Nam" à Saigon. Toujours avec des membres du Parti constitutionnel il a écrit des articles publiés dans divers journaux ; "le flambeau de l'Annam", "l'Écho annamite", "La Tribune indochinoise". Divers forums lui ont permis de répandre les idées de liberté d'expression, de liberté de la presse, de liberté de réunion et de militer pour l'abolition des monopoles économiques ...

À l'époque, les diplômés des facultés de droit n'avaient pas assez de matière pour pratiquer leur métier. Avec le soutien du gouverneur général Maurice Long et du gouverneur de Cognac, Goupillon a créé un bureau de parrainage pour les apprentis (Apprentis). Il a rejoint la franc-maçonnerie avec le désir d'améliorer la situation coloniale pour éduquer le peuple. En tant que membre de la franc-maçonnerie, il a été aidé par ses frères français.

Sa fille Henriette Bùi Quang Chiêu (1906-2012)[9] a été la première femme médecin d'origine Vietnamienne. Elle était mariée avec Vương Quang Nhường, avocat franc-maçon de la même loge que Bùi Quang Chiêu.

2. NGUYỄN CÔNG TIỄU (1892 - 1976)

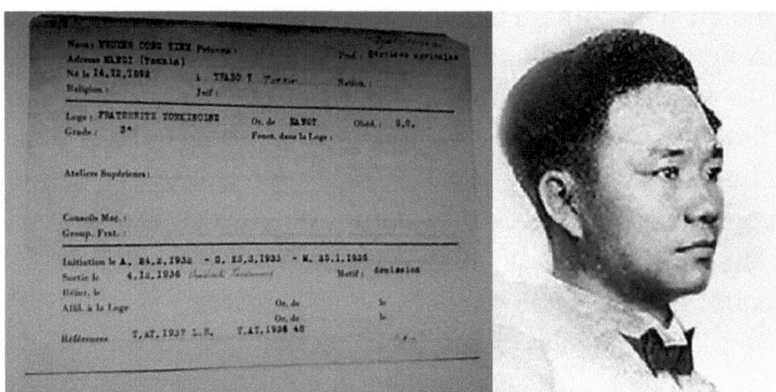

Diplômé du Collège d'Agriculture et de Foresterie en 1912, il était membre du Conseil de Recherches Scientifiques d'Indochine. Il faisait partie ~~à~~ de l'intelligentsia d'acculturation parlant couramment le chinois, le français et le vietnamien.

Il a fait des recherches scientifiques et a participé à la rédaction d'articles sous le pseudonyme de "Minh Nông ". Il était rédacteur en chef d'un journal ~~de~~ scientifique où il a écrit de nombreux articles. Malheureusement, il a perdu la vue. Devenu aveugle, il a dû cesser la plupart de ses activités. Ayant peu à peu appris le braille, il a développé la

---

[9] https://mienkyuc2014.blogspot.com/2017/04/cuoc-oi-thang-tram-cua-nu-bac-si-nu-bac.html

propagation ce cette méthode et est devenu président de l'Association des aveugles.

Après un voyage en France pour l'exposition coloniale, il écrivit ses impressions sur les lieux qu'il visitait. Après sa mort, ses notes ont été compilées par Nguyễn Hữu Sơn dans le livre "Voyage en Europe, Exposition Marseille, Paris…", publié par éditions Tri Thức, en 2017.

3.NGUYỄN VĂN KHẢI (1905-?)

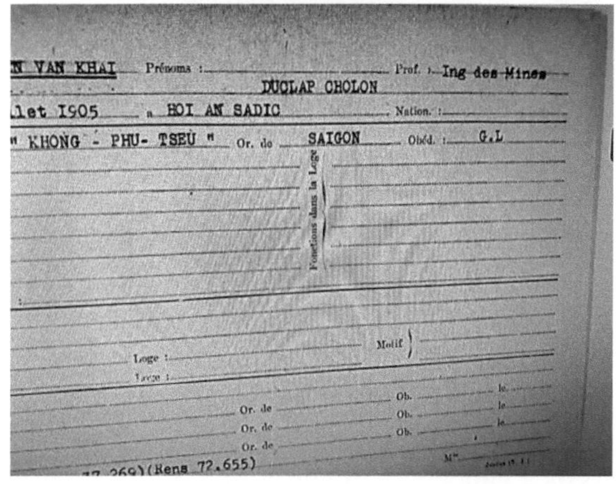
N VAN KHAI Prénoms : Prof. : Ing des Mines
DUCLAP CHOLON
1et 1905 " HOI AN SADIC Nation. :
" KHONG - PHU- TSEU " Or. de SAIGON Obéd. : G.L
Fonctions dans la Loge
Loge :
Loge :
Motif
Or. de Ob. le
Or. de Ob. le
Or. de Ob. le
M
...269)(Rens 72.655)

Né à Hội An, Nguyễn Văn Khải est parti en France pour étudier l'ingénierie minière. Durant ses études il était actif au sein du mouvement anticolonial en compagnie de Trần Văn Thạch et Lê Bá Cang. Il faisait partie, avec Trần Văn Thạch du comité exécutif de l'Association générale des étudiants d'Indochine en France et a été répertorié comme "réactionnaire" par les agents des services secrets français, dans la liste des "22 dirigeants agitant l'Indochine" dans les années 1925 1927. Cette liste comprenait : Đặng Văn Thu, Hoàng Quang Giụ, Nguyễn Ái Quốc, Phan Châu Trinh, Phan Văn Trường, Nguyễn Thế Truyền, Dương Văn Giáo, Bùi Quang Chiêu, Trần Văn Thạch, Nguyễn Văn Khải, Nguyễn Văn Ty, Lê Bá Cang ...

Il a participé à des manifestations contre les arrestations et contre les condamnations à la peine de mort encourues par les insurgés lors des soulèvements de Yên Bái. Il a été expulsé au Vietnam. De retour à Saïgon, il a participé à l'association "Confucius". Il faisait partie du groupe de lutte "Quaternaire " avec Tạ Thu Thâu et Trần Văn Thạch.

Ban Chấp hành Tổng hội Sinh viên Đông Dương tại Paris, 1929.
Từ trái sang phải:
(Hàng ngồi) Nguyễn Văn Khải, Hồ Văn Ngà, Trần Văn Thạch
(Hàng đứng): Hình Thái Thông (?), Lê Bá Cang
(Nguồn: Văn khố Pháp quốc Hải ngoại, Archives d'Outre-Mer, Aix-en-Provence)

Assis à gauche / Nguyễn Văn Khải avec ses amis anticolonialistes

4. NGUYỄN HẢO CA (1902- ?)

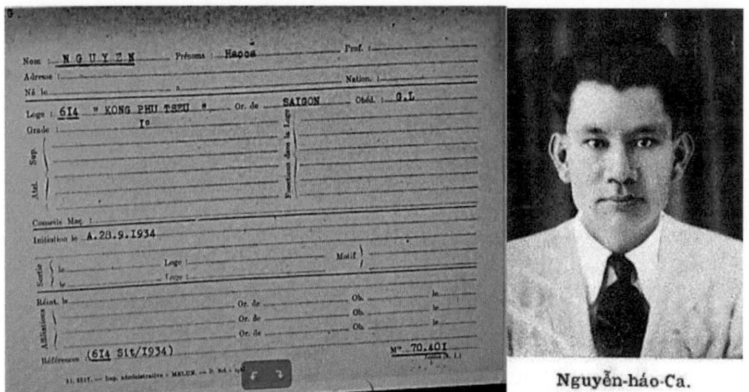

Nom : N G U Y E N Prénoms : Haoca Prof. :
Adresse :
Nation. :
Né le à
Loge : 6I4 " KONG PHU TSEU " Or. de SAIGON Obéd. : G.L
Grade : I°
Sup.
Atel.
Fonctions dans la Loge
Conseils Maç. :
Initiation le A.28.9.1934
Sortie le Loge : Motif
le Loge :
Réint. le Or. de Ob. le
Affiliations Or. de Ob. le
Or. de Ob. le
Références (6I4 Sit/I934) M° 70.401

Nguyễn-háo-Ca.

Né en 1902 à Bình Phước, Biên Hòa, Cochinchine, NHC obtient un diplôme de mathématiques à Paris en 1923. Il devient ingénieur agronome à Paris en 1927. La documentation le concernant est rare.

Dès 1927, il a pu travailler à l’institut d’agronomie coloniale. Il a été nommé secrétaire à l'agriculture de la Cochinchine en 1929 et a été promu ingénieur adjoint et conseiller au ministère de l'Agriculture de la Cochinchine. En 1941, il quitta son emploi pour des raisons personnelles. C’est en fait l’année où le gouvernement de Vichy éliminait les membrés de la société secrète. Son nom figurait sur la liste des personnes recherchées. Les dignitaires franc-maçons qui ont été dénoncés, ont été contraints de démissionner.

5. **PHẠM VĂN HUYỀN** (1903- ?)

Né à Vinh, Phạm Văn Huyên exerçait la profession de vétérinaire. Après 1954, il a été nommé directeur du Comité général de soutien des immigrés du Nord. Avec les médecins Phạm Hữu Chương, Ngô Đối et Bùi Văn Lương il participe au projet d'accueil des migrants. En 1954, il avait rejoint le cabinet du gouvernement provisoire de Buu Loc en tant que ministre du Travail et des sociales.

Sa fiche de franc-maçonnerie indique qu'il est né à Vinh, en 1903 et vivait à Hanoi. Il a rejoint la FM en 1933.

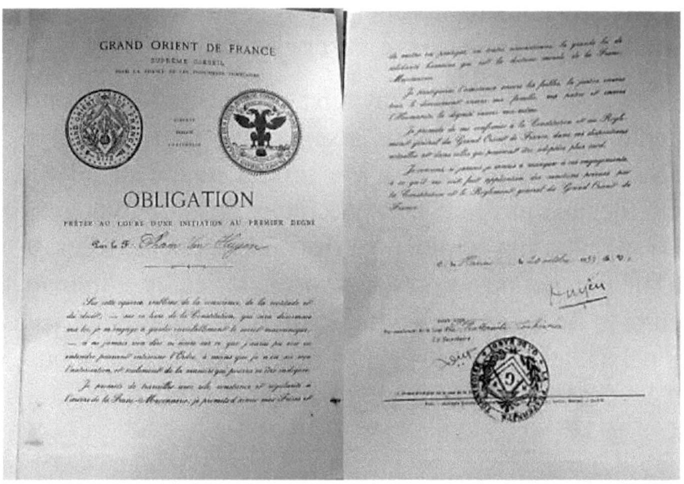

GRAND ORIENT DE FRANCE

SUPRÊME CONSEIL

OBLIGATION

PRÊTÉE AU COURS D'UNE INITIATION AU PREMIER DEGRÉ

Lettre d'obligation de Phạm Văn Huyên ~~à~~ au GODF.

N°1 Phạm Văn Huyến, N°2 Tôn Thất Dương Kỵ, N°3: Cao Minh Chiêm

Trois "Messieurs de Paix"sont en train de passer le pont Hiền Lương au 17eme parallèle.

Après 1954, le "mouvement pacifiste" organisé dans le cadre des élections générales a été mouvementé à Saïgon. Phạm Văn Huyến et sa fille ont participé à une réunion préparatoire pour appeler le gouvernement sud-vietnamien à mettre en œuvre l'Accord de Genève pour s'opposer à l'intervention américaine au Vietnam. Les dirigeants du mouvement ont été arrêtés ou expulsés vers le Nord. M. Phan Long a a été condamné à une peine de 5 ans de prison. Trois autres personnes, Phạm Văn Huyến, le professeur Tôn Thất Dương Kỵ et le journaliste Cao Minh Chiếm (également connu sous le nom de Phi Bằng) ont été expulsés vers le nord via le pont de Hiền Lương le 19 mars 1965. Phạm Văn Huyến est le père du célèbre avocat Ngô Bá Thành tức (Phạm Thị Thanh Vân). Le professeur Tôn Thất Dương Kỵ a été réinstallé dans le sud afin d'y travailler. Le journaliste Phi Bằng s'est rendu en France et à Genève pour mobiliser le mouvement vietnamien d'outre-mer. Phạm Van Huyến est parti vivre en France.

III.6. MILITAIRES FRANÇAIS

Certains Vietnamiens qui avaient rejoint l'armée française ont également rejoint la FM, tels le capitaine Nguyễn Văn Vị (Nguyễn Văn Giàu), membre de la loge "Ruche d'abeilles" à l'Orient de Saigon et Cao Triều Phát qui travaillait comme interprète dans l'armée …

1. LE ROI DUY TÂN alias Prince Vĩnh San (1900-1945)

Le jeune roi a été exilé sur l'île de La Réunion en 1916 à l'âge de 16 ans du fait de ses contacts avec les dirigeants de la Ligue Nationale de la restauration du Vietnam, qui planifiait un soulèvement contre le protectorat français. Pendant la Seconde Guerre mondiale, le roi Duy n a rejoint l'armée française pour lutter contre l'Allemagne nazie. Fin 1945, l'avion qui le transportait s'est écrasé en Afrique centrale, alors qu'il revenait de Paris pour aller à La Réunion après s'être engagé à nouer des relations avec le général De Gaulle pour restaurer la souveraineté du Vietnam. Ayant accédé au trône dès l'âge de 7 ans, les affaires de la cour ne lui incombaient à l'évidence pas personnellement mais étaient gérées par le personnel patriotique. Ce roi est considéré comme le jeune roi patriotique de la dynastie Nguyen. En 1987, son corps a été ramené à Hue. Il a été enterré aux côtés de son père, le roi Thành Thái.

Refusant de coopérer avec les autorités françaises le roi Duy Tân a été exilé. Son casier judiciaire n'étant pas vierge on peut légitimement se demander pourquoi le prince Vinh San ; détrôné par le gouvernement français, a malgré tout été admis dans la FM muni d'un tel cv, alors que l'admission d'un nouveau membre est toujours contrôlée.

Aspirant à la liberté de la nation le prince Vinh San, s'est donc tourné vers la FM. Ses frères l'ont admis et ont prévu de le rapatrier au Vietnam après 1945. La France est connue pour avoir "soutenu" des rois sans couronne dans le cadre d'intrigues politiques. Le prince Adam Jerzy Czartoryski et de nombreux Polonais célèbres se sont réfugiés en France dans les années 1930. Le prince Vĩnh Thụy (roi Bảo Đại) a vécu en France en tant que réfugié après 1954. Déjà en 1688, Jacques II (roi d'Angleterre et d'Irlande) et Jacques VII (roi d'Ecosse) ainsi qu'une grande partie de leur entourage s'exilèrent en France où ils furent accueillis par Louis XIV après l'insurrection en Bretagne… Norodom Sihanouk a également–trouvé refuge à Paris… Ces rois détrônés ont souvent été à l'origine de la création de mouvements intellectuels patriotes dont le but était de restaurer les familles régnantes dans leurs anciens droits si l'occasion s'en présentait. Dans ces conditions l'accident d'avion du prince Vĩnh San est suspecté d'être un assassinat alors que les Français tentaient de le faire remonter sur le trône.

Le prince Vinh San se trouvait dans une situation ambigüe lorsqu'il s'est enrôlé dans l'armée pour la première fois au sein de la coalition antifasciste sans pouvoir cependant y jouer un rôle prépondérant. Il a par ailleurs formulé une pétition. Il a connu beaucoup de souffrances au cours de sa vie. De manière générale, les femmes et les enfants des aristocrates portent naturellement le nom de leur père. Mais celui-ci le prince Vinh San fut destitué et exilé. Pour quelle raison ses enfants ne portaient-ils pas le nom de famille de "Nguyen" à leur naissance ? Tous les enfants qu'il eut avec ses trois épouses successives sur l'île de la Réunion portent en effet le nom de famille de leur mère. Ce n'est qu'après sa mort que ses enfants ont demandé au gouvernement français d'obtenir la permission de porter le nom de leur père. Ignorant la culture vietnamienne, ils ne savaient pas que leur père avait pour patronyme Nguyễn mais pensaient qu'il s'appelait Vinh San, nom qu'ils utilisaient pour eux-mêmes. Vivre à l'étranger n'étant dans l'esprit du prince Vinh San qu'une situation provisoire celui-ci espérait retourner un jour dans son pays natal. Ne s'est-il pas confié à sa femme et à ses enfants de la famille Nguyễn, dernière dynastie du Vietnam qui avait régné par son entremise durant une courte période de sa jeunesse ? Ses enfants ignorant tout des péripéties politiques ne se sont pas souciés de l'histoire du Vietnam et de la famille de leur père, ce qui les conduit à méconnaître leur nom de famille véritable. De plus, ce n'est qu'après la mort de celui-ci qu'ils ont demandé la permission de changer de nom. Pourquoi leur a-t-il été interdit de porter le nom de famille de leur père… ?

La dynastie Nguyen n'aimait-elle pas les enfants métis, a fortiori s'ils étaient de couleur ?

Porter le nom de famille du roi nécessite d'en passer par le conseil royal. Après 1945, la dynastie Nguyen étant déchue, les rois ont perdu leurs couronnes par abdication, et sont retournés à la vie civile, animés par de nombreux sentiments contradictoires. C'est ainsi que l'un des fils de l'ex-roi Bảo Đại né en 1945 n'a jamais porté le nom de son père. Le prince Vĩnh Thụy a par ailleurs un fils nommé Bloch Carcenac Patrick Édouard[10] qui vit dans le sud de la France. C'est un inconnu qui porte le nom de famille de sa mère avec qui ce prince a eu une brève liaison ignorée. Cet enfant a souffert d'être un enfant "bien né" issu d'une dynastie déchue. Les anciens rois ne veulent pas avoir à connaitre de la « bâtardise » de leur progéniture illégitime.

Patrick và cha Vĩnh Thụy

[10]. Photo et document fournis par Patrick fils de Bảo Đại

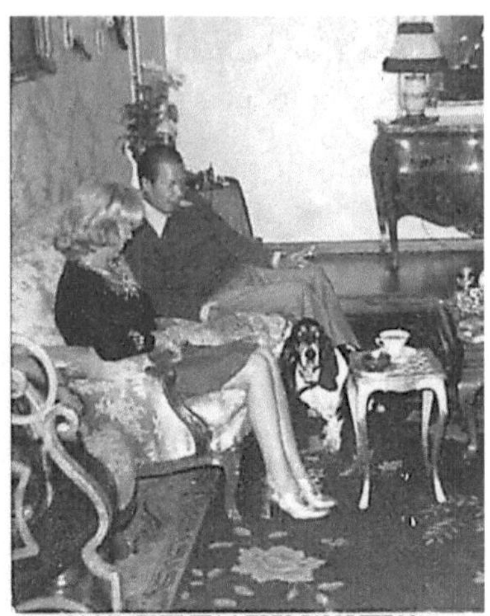

SA MAJESTE ET LA TRES DISCRETE Mme CHRISTIANE BLOCH-CARCENAC RENCONTREE EN 1957 ET DECEDEE EN 2009.

III.7. LE CAODAISME

La plupart des dignitaires, fondateurs du caodaïsme étaient des intellectuels qui avaient travaillé comme fonctionnaires, enseignants ou interprètes pendant la période coloniale française. Certains de ces fonctionnaires ont rejoint la FM.

Il est tout d'abord utile de rappeler que la franc-maçonnerie n'est pas une religion comme certains l'imaginent du fait que le lieu d'exercice de ses activités se déroule dans un « temple » selon un rituel mystérieux. De plus les maçons exaltent la laïcité ce qui confirme que la franc-maçonnerie n'est pas une religion. Enfin la FM n'ouvre pas ses portes aux non-initiés comme le fait la religion.

Les maçons peuvent être catholiques, protestants, bouddhistes, adeptes de Confucius ou de Lao Tseu. La FM respecte la liberté de religion ainsi que la liberté d'expression. C'est pourquoi les franc-maçons sont présents partout et dans tous les domaines. En Indochine, certains Franc-maçons s'intéressaient à la pensée spirituelle traditionnelle vietnamienne. Pour eux, les philosophies asiatiques ne sont pas inférieures aux philosophies occidentales. Ils ont confié à un Frère Đỗ Hữu Trí le soin de faire des recherches sur ce sujet.

La Cochinchine a été le premier territoire vietnamien où les Français se sont directement implantés. Le traumatisme de se voir dépossédé de son pays et d'être exploité par des colonialistes a donné naissance à nombre de nouvelles religions au Sud Vietnam. De nouveaux cultes fleurissent partout : Bửu Sơn Kỳ Nam fondée par le moine Thầy Tây ou Maitre Occidental (1807-1856), Tứ Ân Hiếu Nghĩa fondée en 1867, la religion Cao Dai créée en 1926, la religion Hoa Hảo de 1939 et la religion "Coco" (Đạo Dừa) apparue en 1963… La franc-maçonnerie a officiellement fait son apparition au Vietnam à la fin du 19ème siècle et s'est développée à partir du début du 20ème siècle. Les dates d'émergence des religions ci-dessus permettent de confirmer que la franc-maçonnerie n'a aucun rapport avec Bửu Sơn Kỳ Nam, Tứ Ân Hiếu Nghĩa et le Đạo Dừa. Dans son livre "Ce caodaïsme et Victor Hugo", l'auteure a recherché les relations existantes entre la religion Cao Đài et la FM.

III.7.1. LA NAISSANCE DU CAODAISME

Le caodaïsme est une religion récente née en 1926 en Cochinchine qui a attiré beaucoup d'adeptes y compris des intellectuels. Ce phénomène reste à nos jours une énigme. Cette religion a été fondée par un certain nombre de fonctionnaires, de propriétaires terriens et de bourgeois pendant la période coloniale. Selon les caodaïstes, Cao Đài (Dieu au dessus de tous) est apparu la troisième et dernière fois pour sauver les êtres humains, c'est pourquoi il est également connu sous le nom de religion "Cao Đài Tam Kỳ

Phổ Độ". L'Être Suprême a été incarné précédemment par Bouddha, Jésus, … Il dirige enfin les humains dans la bonne direction. La religion est révélée par des messages spirituels reçus lors de séances ~~de~~ médiumniques. Le médium joue un rôle important dans la création et le développement du caodaïsme qui prêche l'amour universel afin d'harmoniser toutes les religions du monde, vers un univers de paix et de bonheur. Les caodaïstes vénèrent Bouddha, Jésus, Confucius, Lao Tseu parmi d'autres. Ils canonisent et vénèrent également de nombreuses personnalités et écrivains célèbres à travers le monde, notamment en France et en Chine, tels que Victor Hugo, Lý Thái Bạch, Jeanne d'Arc, Tôn Dật Tiên, Nguyễn Bỉnh Khiêm… C'est en somme un syncrétisme des religions du monde. Le Saint-Siège de Tay Ninh est le "Vatican" de cette religion initialement dirigée par le pape Le Van Trung.

Après la mort du pape Lê Văn Trung, le supérieur sa sainteté Phạm Công Tắc a pris le contrôle des principaux organes de Hiệp Thiên Đài et Cửu Trùng Đài, en tant que chef de la religion. Selon l'histoire du caodaïsme, Ngô Văn Chiêu a été la première personne à rencontrer l'Être Suprême révélé sous le nom de A, Ă, Â. Il a été l'un des fondateurs de la religion, a été élu Pape, au tout début mais a ensuite cédé son poste à Lê Văn Trung. D'après le livre "Caodaïsme et Victor Hugo", l'auteur recherchant les raisons de la canonisation de Victor Hugo, dévoilé le rôle secret de la franc-maçonnerie dans la fondation de cette religion au Vietnam. Le caodaïsme est une religion jeune mais elle est cependant munie toutes les règles, philosophies et lois d'une pratique complète. L'étude des biographies de certains dignitaires de Cao Dai permet de voir clairement cette relation secrète. Les fondateurs de la religion avaient tous de nombreux points communs :

1. Les fondateurs et les dignitaires caodaïques étaient pour la plupart d'anciens élèves des écoles françaises qui étaient devenus fonctionnaires dans l'administration coloniale. Ils parlaient couramment le français. Ils étaient issus de familles

aisées et avaient une vie et un statut social stables tels que Phạm Công Tắc, Cao Hoài Sang, Cao Quỳnh Cư, Lê Văn Trung et Nguyễn Văn Tương .... D'après les statistiques de Jayne Jusan Werner (Politique paysanne et sectarisme religieux : Paysan et adeptes caodaïstes au Vietnam), 60 % des dignitaires Cao Đài étaient d'anciens fonctionnaires français. Si l'on inclut les petits chefs de villages, ce nombre est porté à 75%. L'historien Tạ Chí Đại Trường a assimilé le caodaïsme à une nostalgie de l'école coloniale française.

2. Ils sont influencés par la culture française, particulièrement passionnés par les médiums et par l'occultisme. Le rituel repose sur des séances médiumniques. De nombreuses paroles saintes ont été révélées en langue française. C'est ainsi que lors d'une séance de médium du 15 octobre 1935, Sa Sainteté Nguyệt Tâm Chơn Nhơn (c'est-à-dire Victor Hugo) s'exprime en français afin que les personnes présentes à cette séance puissent comprendre, car les mots sinisés sont très difficiles à comprendre. Sĩ tải signifie (Secrétaire Archiviste), thư ký văn khố/Truyền trạng, greffier/ thư ký tòa án, Cải trạng, avocat/ Chưởng ấn, Chancelier... Bien que l'esprit du caodaïsme n'ait ni frontières, ni pays, le médium Lénine parle vietnamien. Les messages spirituels sont transmis principalement en français par le célèbre médium Phạm Công Tắc qui est la seule personne à être autorisée à avoir cette fonction de médium. La mission du caodaïsme à Phnom Penh au Cambodge a choisi la date de la mort de Victor Hugo comme date de sa création. Sa Sainteté Lý Thái Bạch, célèbre poète chinois, parle aussi bien le français que le vietnamien. L'influence de la culture française est évidente. La mission du caodaïsme en Chine a échoué en raison des barrières linguistiques, bien que la sainteté Lý Thái Bạch ait été le responsable spirituel de cette mission étrangère.

Au Vietnam, les portraits des trois saints Nguyễn Bỉnh Khiêm, Victor Hugo, et Sun Yat Sen qui ont signé un traité de paix avec l'Être Suprême sont respectueusement peints sur le mur d'entrée du Saint-Siège de Tay Ninh, mais au Cambodge le portrait de Nguyễn Bỉnh Khiêm est remplacé par le portrait du défunt Pape Lê Văn Trung, car les Cambodgiens ne connaissaient pas Nguyễn Bỉnh Khiêm.

3. Ces dignitaires aspirent à trouver un moyen d'harmoniser la culture Orient - Occident, les croyances indigènes et les croyances occidentales.

4. Ces intellectuels admirent la culture occidentale, les écrivains du siècle des lumières, les écrivains célèbres tels que Victor Hugo, Voltaire, Rousseau... qui défendent l'humanité et la fraternité.

Le caodaïsme peut être vu comme une variante inattendue de la franc-maçonnerie dans la colonie et a connu un succès dépassant l'imagination de ses fondateurs. Il est passé de société secrète à secte, puis à religion florissante dans le Sud en peu de temps. Il a attiré de nombreux intellectuels progressistes et les habitants de la Cochinchine. A l'époque cette religion a convaincu plus de deux millions d'adeptes. A l'origine, un groupe de fonctionnaires autochtones s'est réuni pour composer des poèmes. Le fondateur de la religion Ngô Minh Chiêu a été le premier à voir l'œil durant des nuits de méditation. L'analyse des biographies de certains grands dignitaires et fondateurs de la religion et l'examen des décorations intérieures des églises caodaïques laisse clairement apparaître l'importance de l'influence maçonnique dans la genèse du caodaïsme.

III.7.2. Les Franc-maçons et le caodaïsme

Le caodaïsme a été le point de départ dans la maçonnerie pour une partie de la population indigène. A cette époque la franc-maçonnerie exigeait que ses membres aient une foi dans un monde transcendant, c'est-à-dire un monde spirituel et mystique. C'est pourquoi le caodaïsme est né lors de séances médiumniques destinées à transmettre ses premiers messages spirituels. Par la suite, la loi caodaïque n'acceptait les instructions et messages que dans le cadre des séances organisées par Hộ Pháp Phạm Công Tắc. Selon le livre "Les secrets de l'Indochine", le franc-maçon Vidal est devenu conseiller spirituel pour le caodaïsme.

En parcourant les biographies des fondateurs et de certains hauts dignitaires du caodaïsme on s'aperçoit que ~~de~~ nombre d'entre-eux sont membres de la franc-maçonnerie.

Ainsi le Pape de la religion, Lê Văn Trung (1875-1934), responsable de la mission d'outre-mer du caodaïsme ; Trần Quang Vinh (1897-1975), fondateur et commandant en chef de l'armée du caodaïsme ; Cao Triều Phát, Nguyễn Văn Ca, Trần Quang Nghiêm, Nguyễn Phan Long, Trương Kế An, Đặng Trung Trữ... étaient membres de l'obédience maçonnique FB3. De plus Phạm Môn, le lieu sacré du protecteur du Hộ Pháp Phạm Công Tắc, qui dirige la religion, devint un lieu de rassemblement pour des activités secrètes de la branche maçonnique d'Indochine FB3 (Free Brothers3) organisée par un franc-maçon Louis Vidal.

Le tableau d'honneur remerciant les Français d'avoir aidé le caodaïsme est une autre preuve de cette relation. Selon Gabriel Gobron, il existait dans le sanctuaire caodaïque du Cambodge, à l'époque de son inauguration, un mémorial de marbre gravé du nom des personnes ayant rendu des services méritoires. Parmi les personnages honorés on peut reconnaître les noms de personnalités françaises célèbres, même si le tableau originel a été partiellement effacé. On constate qu'une la grande majorité de ces personnes ~~sont~~ est membre de la FM. Ainsi Marc Rucart, ancien ministre de la Justice, ministre de la Santé, était un franc-maçon qui a initié le 16 février 1916, à la loge "L'Indépendance" et Albertin

Fabien, Bellan Charles, Challaye Félicien, Karn Emile, Gabriel Gobron, Robin, Jacob étaient également des affiliés.

Le portrait de 3 saints à l'entrée du Saint-Siège Tây Ninh

Deux avocats du caodaïsme, Robert Lortat Jacob et Trịnh Đình Thảo, étaient tous deux franc-maçons. Lors de certaines séances médiumniques, où seuls les hauts dignitaires étaient en principe admis Lortat Jacob était cependant présent. Certains journaux évoquant le Caodaïsme sont également des journaux maçonniques … La Fraternité, La Vérité, La Dépêche, L'Acacia... Ces journaux ont publié des articles sur l'inauguration du caodaïsme en Outre-mer. Lors d'une cérémonie d'inauguration au Cambodge, un vénérable caodaïste Thuong Bay Thanh a également remercié les Français bienfaiteurs qui ont régulièrement fait campagne en France ou en Indochine pour défendre le caodaïsme : Ont ainsi été remerciés l'Avocat Roger Laseaux, l'Avocat Lortat Jacob, le Gouverneur Général Albert Sarraut, le Gouverneur

Richome, Silvestre, Thibaudeau, les députés H. Guermut, Marius Moutet, E.Outrey, Paul Ramadier, Marc Rucart, Jean Piot, ainsi que M.Voisin, A., Marthe Williams, le Colonel Alexis Métois, Félicien Challaye, E.Tozza, Gabriel Abadie de Lestrac, Jean Laffray rédacteur en chef de La Griffe (Griffe), Charles Bellan, ancien ambassadeur de France au Cambodge... et la ligue de droit humain pour la création et l'existence du caodaïsme.

Selon l'histoire du Caodaïsme de Trần Quang Vinh, l'expansion de la religion en France a obtenu des résultats conséquents. Tran Quang Vinh a pu ainsi y constituer un noyau de sympathisants. En 1932, parmi les cinq premiers français promus aux grades des dignitaires caodaïstes figuraient trois maçons : Gabriel Gobron a été nommé au grade d'instructeur, Charles Bellan et Gabriel Abadie de Lestrac ont été nommés Prêtres. Deux femmes étaient par ailleurs épouses de maçons. Mme Marguerite Gobron a été nommée au grade d'Elève-évêque et Mme Félicienne Challaye au grade d'évêque. Tout comme en Franc-maçonnerie, les caodaïstes doivent passer par divers degrés basés sur la contribution et le dévouement. Il est assez surprenant de constater que parmi les cinq français convertis au caodaïsme en France, on trouve un Instructeur, titre illustre dans la hiérarchie du caodaïsme juste en dessous de celui de Hộ Pháp Phạm Công Tắc, titre qui nécessite normalement un vote de la part des dignitaires. Ce fidèle était un membre actif de la religion. Il fut le premier maçon français à adhérer à la religion nouvellement établie en Indochine. Il a directement aidé à compléter les règles nouvelles du caodaïsme. Il était professeur et était allé enseigner en Indochine. Bien que nouvellement converti, il a obtenu le droit de participer aux séances de médium. Il a été nommé conseiller principal du caodaïsme.

Gabriel Gobron connaissait assez bien le vietnamien, il pouvait donc comprendre les messages spirituels dans la langue d'origine. Alors que Louis Vidal était consultant clandestin, Gabriel Gobron était conseiller direct et à ce titre surveillait de près les activités de la religion. Gobron est l'auteur d'un livre intitulé "Le Caodaïsme". Par la suite il est retourné en France pour travailler comme professeur de vietnamien. Après 1975, il a tenté avec quelques partisans de Cao Dai d'établir sans succès un comité du caodaïsme à Paris. Sa tentative a échoué du fait de problèmes financiers et de personnel.

La formule d'adresse "mes frères, mes sœurs", indépendamment de l'âge des auditeurs, est inconnue des sociétés féodales fortement hiérarchisés ainsi que des religions orientales. Cette façon de s'exprimer est en contradiction flagrante avec les normes de hiérarchie sociale dans un pays empreint de confucianisme comme le Vietnam. Or ce style qui est familier aux membres de la FM, a été adopté par les adeptes du caodaïsme dans leurs conversations entre eux comme dans les séances d'intercession des médiums. Gabriel Gobron (1895-1941) écrivain, journaliste prit le pseudonyme de "Frère Gago" qui signifie frère de Gago. Cet alias montre la particularité de l'adresse maçonnique. Victor Hugo descendant d'une séance médiumnique s'adresse à ses frères et à ses sœurs. Lors d'une séance du 15 août 1933, V. Hugo ***incarné en Đặng Trung Chữ*** a annoncé que la ligue de droit humain (association maçonnique) aborderait la question de la religion Caodaïste lors d'une conférence internationale.

Le décor du Saint Siège Caodaïste rappelle certaines caractéristiques du temple maçonnique. Le plafond du temple Tay Ninh représente un firmament étoilé avec des nuages à la manière de certains temples maçonniques. Cette décoration des plafonds par des peintures voyantes n'est pas de tradition dans les temples bouddhistes ou taôistes. L'œil sur le globe et dans le triangle font penser au décorum de la plupart des temples maçonniques. Le pavé mosaïque noir et blanc comme dans un temple maçonnique se trouve aussi au sol du Saint Siège de Tayninh.

De plus la couleur blanche de la tenue caodaïste ainsi que les différentes couleurs des cordons de ses dignitaires font penser aux attributs vestimentaires des apprentis-maçons (gants et tabliers blancs) ainsi qu'aux cordons et tabliers des dignitaires maçonniques.

Le décor dans le temple caodaïque.

Avec le recul du temps et en rapprochant plusieurs indices historiques concordants, on serait peut-être en mesure de se risquer à émettre l'hypothèse selon laquelle la naissance du caodaïsme aurait quelque chose à voir avec la FM qui était en pleine d'expansion dans la colonie de l'époque. Cette religion aurait bénéficié pour son développement de la protection d'une "puissance" française secrète qui n'était autre que la FM.

En 1940, selon le dignitaire Lê Quang Tấn, le caodaïsme a rencontré beaucoup d'obstacles : De tous côtés ses ennemis voulaient jeter le discrédit sur cette religion qu'ils considéraient comme une association secrète. Pourquoi ces accusations et pourquoi ces démentis sont–ils advenus précisément à une époque où en France métropolitaine la chasse aux sorcières visant les associations secrètes comme la FM était ouverte par le gouvernement de Vichy qui suivait les directives de l'Allemagne ? Hộ Pháp Phạm Công Tắc a déclaré alors : "Le caodaïsme ne peut être ni un instrument, ni un pion pour personne". Mal lui en prit car le 16 juin 1940, le gouvernement colonial donna l'ordre de fermer le Saint Siège de Tayninh.

C'est cette prise de position contre la politique de Vichy qui a privé le caodaïsme de la protection secrète des frères français en difficulté plus qu'une volonté d'émancipation propre à la religion elle-même. En France, la loi du 13 Aout 1940, signée par le maréchal Pétain, interdisait les associations secrètes et décidait la saisie de leurs biens. Un décret du 19 Aout 1940 portait dissolution du GODF ; Le 27 février 1941 étaient également dissoutes la Grande Loge Nationale Indépendante et l'Obédience du Droit Humain ». En Indochine, le 4 juin 1941, cinq fondateurs et dignitaires caodaïstes de premier plan furent arrêtés et envoyés en exil…

L'analogie entre le sort subi par les frères-protecteurs français et les frères protégés indigènes après la défaite de la France face à l'Allemagne est assez frappante. Si le caodaïsme n'avait été qu'une religion orientale Indochinoise comme les autres, par exemple comme le renouveau du bouddhisme Hoa Hoa, mouvement religieux éphémère de la même envergure, il n'aurait pas dû être inquiété par les autorités coloniales.

Les fondateurs de Cao Đài, anciens étudiants de l'école coloniale française, ont constitué la première génération de fonctionnaires du gouvernement colonial. Ils sont devenus la cible de la franc-maçonnerie française qui voulait former des ressortissants indochinois dociles.

La politique de réconciliation franco-vietnamienne a été portée par le caodaïsme. La franc-maçonnerie visait à s'implanter en Indochine en formant les fonctionnaires indigènes à l'occidentale. La FM qui est essentiellement une association progressiste, défend la civilisation et les valeurs de la République française.

Bien que le caodaïsme soit devenu une religion, le gouvernement français n'était pas sans ignorer qu'il s'agissait d'un avatar de la franc-maçonnerie diffusée aux masses pour mettre en œuvre la politique de réconciliation franco-vietnamienne.

Le caodaïsme est donc pour l'essentiel une modification destinée à assurer une meilleure diffusion de la franc-maçonnerie. Sous l'influence de la franc-maçonnerie, les fondateurs du caodaïsme étaient intrinsèquement patriotiques, ils ont utilisé ce moyen pour diffuser leurs par le biais d'une religion dont la pensée harmonisait les croyances orientales et occidentales. Ces fondateurs, intelligents et ouverts aux masses, ont rapidement attiré de nombreux adeptes, de sorte que la religion est devenue un lieu de communion et non pas seulement un regroupement d'intellectuels indigènes. Les dignitaires caodaïstes ont pleinement profité de l'influence de la franc-maçonnerie en Indochine pour développer leur religion. C'est ainsi qu'en seulement 10 ans, ils ont recruté un grand nombre d'adeptes et ont construit de très grandes églises. La plupart des premiers membres du FB3 étaient des dignitaires de Caodaï : Trần Quang Vinh, Đặng Trung Chữ (fils incarné de Victor Hugo), Nguyễn Văn Ca, Cao Triều Phát, Trần Quang Nghiêm, Nguyễn Phan Long, Trương Kế An, Tạ Thu Thâu, Trần Trọng Kim...

La religion et la politique sont souvent liées. Lorsqu'une association passe de l'état d'organisation politique au stade de religion, elle attire nécessairement un grand nombre de forces et contourne facilement la surveillance du gouvernement. La liberté religieuse a toujours été respectée. Les gouvernements sont donc souvent très réticents à combattre la religion. Une religion touche d'abord le cœur des gens grâce à des activités caritatives et humanitaires. Lorsque des événements naturels tels que des tremblements de terre, des inondations, des guerres se produisent, des milliers de personnes sombrent, sont tragiquement démunies, sans foyer, sans nourriture, deviennent apatrides. Dans ces situations de catastrophe, de nombreuses organisations humanitaires à travers le monde, appartenant à tous les courants politiques et religieux...sont prêts à apporter leur aide.

Presque toutes les religions incitent les gens à parvenir au bonheur. Le bonheur est défini selon les conceptions philosophiques propres à chaque religion. Le caodaïsme concilie la volonté de paix entre le peuple colonisé et le gouvernement colonial.

La situation au Vietnam au cours de la période coloniale française n'était pas aussi simple que dans les colonies africaines. Craignant que des émeutes anticoloniales n'éclatent en Indochine, notamment au Vietnam, le gouvernement français a rapidement interdit les rassemblements publics. Pour rester dans la légalité, les maçons vietnamiens ont créé le caodaïsme. Ils ont habilement transformé la franc-maçonnerie locale en une religion qui a d'abord attiré de nombreux intellectuels indigènes. Sous la direction et avec l'aide de la franc-maçonnerie inspiratrice, les fondateurs caodaïstes ont rapidement développé cette religion nouvelle au sud du Vietnam.

Les dignitaires maçons-caodaïstes ont occupé presque tous les hauts grades de cette nouvelle religion :

- Chiếu Minh (1927) - Ngô Văn Chiêu fondateur du caodaïsme et la branche de Chieu Minh).

- Minh Chơn Lý (1931-35) fondé par Phối sư Thái Ca Thanh, c'est-à-dire Nguyễn Văn Ca.

- Tay Ninh (1926) Lê Văn Trung – Pape du caodaïsme.

- Trung Hoa Học Phái fondé par Cao Triều Phát.

III.7.3. LES DIGNITAIRES CAODAISTES

1.NGÔ MINH CHIÊU – Le premier fondateur

Ngô Minh chiêu (1878-1932, de son nom de naissance Ngô Văn Chiêu), est considéré comme le premier disciple du caodaïsme. Il a été honoré par la branche Chiêu Minh en tant que second de l'Etre Suprême.

Diplômé de l'école Chasseloup, il a travaillé comme secrétaire pour le gouvernement colonial, a été nommé chef de district, puis chef de l'île de Phu Quoc où selon l'historiographie du caodaïsme, il vit soudainement l'œil de l'Etre Suprême. Il s'en est souvent allé dans les montagnes pour méditer sur un autel. Il a été médaillé en récompense de son travail pour la France. Il a en fait découvert la FM grâce à un ami franc-maçon, Louis Vidal, officier français envoyé en 1919 en Indochine qui avait le droit de décider de la décoration de l'église caodaïque du Cambodge.

P/G Nom : VIDAL Prénoms : Louis Prof. : Surv.P.T.T.
Adresse : SAIGON.(Cochinchine)
Né le en 1882. à GIADINH. Nation. :
Religion : Juif :

Loge 401 "LA RUCHE D'ORIENT" Or. de SAIGON Obéd. : G.L.
Grade : Fonct. dans la Loge :

Ateliers Supérieurs :

Conseils Maç. :
Group. Frat. :

Initiation le Motif Radié
Sortie le 1939 La Ruche d'Orient
Réint. le Or. de le
Affil. à la Loge Or. de le

Références : (Rens.25662) M.60846.

La fiche de Louis Vidal

Louis Vidal est l'un des fondateurs du "FB3" une association maçonnique internationale (Free Brothers 3-Indochina) créée en 1935 et 1936 à Saïgon.

Selon le document "Chronique des secrets d'Indochine" de Gilbert David, Louis Vidal a contraint les dignitaires caodaïstes à renoncer à adorer la croix gammée orientale pour adorer Victor Hugo lors de l'inauguration de la première église caodaïque au Cambodge. Le frère Dang Trung Chu responsable de la mission étranger du caodaïsme a fortement contesté cette décision. "En Inde, la croix gammée - avec quatre angles droits tournant dans le sens des aiguilles d'une montre a une longue histoire bouddhiste ; elle décore les temples indiens depuis des siècles" et "Nos frères de l'école française le savent ! Hitler a dévalorisé ce symbole figurant dans nos temples."

Finalement, les frères indochinois ont tout de même dû céder à l'ordre du "Maître" Vidal. Les caodaïstes ont défilé en arborant le portrait de Victor Hugo lors de la cérémonie d'inauguration. Les frères caodaïstes ont tout de même obtenu une satisfaction car grâce à Vidal, la rue Pierre Pasquier a été remplacée par la rue Đỗ Hữu Vị - héroïque premier soldat vietnamien à participer à la Première Guerre mondiale pour la France. Actuellement, à Paris, une place nommée Đỗ Hữu Vị.

L'Être Suprême A, Ă, Â

Selon ses propres dires Ngô Văn Chiếu a communiqué avec L'Être Suprême lors d'une séance de méditation. L'Être Suprême était représenté par les trois lettres A, Ă, Â, la lettre A étant la première lettre de l'alphabet latin. Selon les fondateurs du caodaïsme, les trois lettres A, Ă, Â ont donné naissance à l'univers, représentant L'Être Suprême. En fait, La lettre A en franc-maçonnerie symbolise l'équerre et le compas qui se chevauchent. L'œil, le triangle, la boussole et la règle sont les principaux symboles de la franc-maçonnerie que l'on trouve dans les temples maçonniques. En fait les trois lettres A, Â, Â étaient déjà présentes dans l'image maçonnique de 1641 sur le sceau de Robert Moray qui est considéré comme le premier membre « théorique «, de la franc-maçonnerie d'Edinbourg en Ecosse. Robert Moray, scientifique écossais, avait rejoint l'armée du roi Louis 13 et atteint le grade de colonel, était un ami proche du cardinal de Richelieu à une époque où maçonnerie et catholicisme n'avaient pas de conflit. Robert de Moray a fait de la lettre A son propre sceau.

Le cachet du venerable maitre Robert Moray (1608-1673*))*[11]

[11] Robert L.D. Cooper, *Cracking the Freemason Code, The Truth about Solomon's Key and the Brotherhood*, 2007, Atria Books, New York, p. 153.

L’Être Suprême A, Ă, Â est une création brillante des fondateurs du caodaïsme, fondée sur les symboles de la franc-maçonnerie. Elle élève par ailleurs au rang de mythe l'histoire du maître artisan. Ces lettres ont une signification mystique. L’Être Suprême Cao Dai a nommé A, Ă, Â comme les outils nécessaires et fondamentaux pour construire l’universalité de l'humanité. L’Être Suprême peut aussi être assimilé à Hiram - l'incarnation terrestre du grand architecte qui est venu établir une nouvelle religion promettant un nouveau monde d'harmonie religieuse, un monde pacifique à l’origine du Vietnam.

2.LÊ VĂN TRUNG (1875-1934), GIÁO TÔNG ĐẦU TIÊN CỦA ĐẠO CAO ĐÀI

Le Van Trung a été élevé à la dignité de Pape du caodaïsme lors de sa fondation en 1926. Il s’est installé au Saint Siege de Tâyninh. A sa mort, Phạm Công Tắc lui a succédé. Le caodaïsme n'accepte que ceux qui sont désignés par le spiritisme ce qui était le cas de Phạm Công Tắc qui était seul médium à cette époque. À la mort de Lê Văn Trung, Nguyễn Văn Tương n'a pas été reconnu comme successeur digne du trône congrégationaliste ; il est donc parti créer une autre branche de la religion à Bến Tre.

Lê Văn Trung fut le secrétaire du Palais du Gouverneur de Cochinchine et était membre de la franc-maçonnerie. Il fut le premier indigène à être nommé membre du Conseil consultatif du gouvernement de Cochinchine. Il a été décoré de l'Ordre de la légion d'honneur. Selon l'Historiographie du caodaïsme Lê Văn Trung, Phạm Công Tắc, Cao Hoài Sang, Cao Quỳnh Cư et Ngô Minh Chiêu auraient rencontré L'Être Suprême à plusieurs reprises. Ce dernier leur aurait confié la responsabilité de fonder une nouvelle religion au Vietnam. En tant que cofondateur de la religion Cao Đài, Lê Văn Trung a apporté une contribution de premier plan à la formation et au développement de la nouvelle foi. Dès que les principes de la religion ~~a~~ ont été fixés, il a été chargé de former Cửu Trùng Đài. En effet, Ngô Minh Chiêu et lui-même étaient maçons, et la fraternité des frères et sœurs de l'Église découlait de la Maçonnerie. Craignant que la religion caodaïque ne devienne un lieu de rassemblement clandestin des intellectuels patriotes, le gouvernement colonial a tenté de les diviser pour régner plus facilement. Les Français ont commencé à percevoir les sentiments latents des Vietnamiens. Le soulèvement de Yên Bái, le mouvement soviétique Nghệ Tĩnh de 1930, sont des signes précurseurs des soulèvements à venir.

La mise en œuvre de la politique de coexistence pacifique franco-vietnamienne était une urgence nationale. Ngô Minh Chiếu s'est investi dans cette voie salutaire, mais il a cessé son action dans ce domaine dès que la religion caodaïste a été fondée. Peut-on supposer qu'un "ordre " maçonnique a été adressé à Ngô Minh Chiêu lui enjoignant de poursuivre l'évangélisation du peuple et de trouver le moyen de le rassurer par le biais de la religion qui l'inciterait à une forme de coexistence pacifique ? Selon l'histoire religieuse écrite par les disciples de Cao Đài, Ngô Văn Chiếu a cédé son poste de congrégationaliste à Lê Văn Trung, mais d'après un document écrit par M. Savani intitulé "Records of Cao Đài religion", Ngô Văn Chiểu aurait été trahi, et aurait abandonné son poste pour tenter de fonder une autre religion ailleurs. En fait, cette scission était conforme au but du gouvernement français colonial qui voulait diviser pour mieux régner.

La Légion d'honneur est la plus haute distinction française et l'une des plus connues au monde. Depuis plus de deux siècles, elle est accordée par le Gouvernement à titre de récompense aux citoyens les plus méritants dans tous les domaines d'activité. Cette récompense honorifique a été créée par Napoléon Bonaparte le 19 mai 1802 pour récompenser les individus ou organisations (tant civiles que militaires) qui ont apporté une contribution remarquable à la France. Cette décoration est décernée aussi bien aux Français qu'aux étrangers. Cependant le 4 mars 1934, Lê Văn Trung a rendu sa médaille au gouvernement français pour protester contre le traitement inégal des peuples autochtones par le gouvernement. Il a osé refuser l'honneur qui lui avait été accordé alors que beaucoup espéraient la recevoir à cette époque en récompense de leur dévouement envers la mère patrie. La restitution de la médaille par le chef de la religion caodaïste symbolise également son refus de coopérer avec la France comme certains intellectuels vietnamiens le faisaient à l'époque. Il n'a pas reconnu cette gloire factice dans le temps où son peuple était opprimé. Ce geste est un acte de courage qui a été loué par ses amis et par les caodaïstes patriotes, qui aurait pu entraîner des représailles et interdictions religieuses ou autres tracasseries de la part du gouvernement français.

LÉGION D'HONNEUR
Ministère des finances
(*Journal officiel de la République française*, 28 janvier 1934)

Chevalier

Bastid (Pierre-*Charles*), ingénieur : services exceptionnels rendus aux intérêts français au Siam et en Malaisie. [Ingénieur des travaux publics au Tonkin (1923), directeur des Étains et wolfram de l'Indochine, administrateur des Charbonnages du Dong-Trîeu (1941), etc.]

Perlès (*Georges*, Myrtil), banquier à Paris ; 38 ans 5 mois de pratique financière et de services militaires. [Administrateur des Plantations de Kantroy (hévéas au Cambodge).]

---

4 mars 1934 :

Lê-van-Trung, pape caodaïste, rend sa Légion d'honneur au président de la République.

Avis du retour de la médaille de Lê Văn Trung du 4 mars 1934.

Le jour de la fondation du Caodaïsme, Lê Văn Trung était encore fier de cette médaille décernée par l'État. En date du 16 décembre 1926, il a d'ailleurs signé une lettre mentionnant son titre d'ancien conseiller au conseil colonial, décoré de l'ordre de la légion d'honneur classe 5.

La restitution de cette décoration peut aussi s'expliquer par le fait que Le Van Trung a été arrêté par les Français qui soupçonnaient les religieux caodaïstes d'organiser des rassemblements d'activités patriotiques clandestines. Les autorités ont en conséquence arrêté le chef de l'église. Le responsable de la police qui a ordonné l'arrestation était également franc-maçon. Lê Văn Trung lui avait donc donné les mots de passe de la FM, mais ce responsable des forces de l'ordre n'a malgré tout pas renoncé à sa décision et a volontairement fait abstraction de son devoir de fraternité. Peu de temps après l'interpellation, une lettre du gouverneur général de l'Indochine a été envoyée en urgence pour s'excuser auprès de Le Van Trung. Sa libération immédiate résulte de l'intervention rapide (48 heures) de la FM. La restitution de la médaille constituait une marque de protestation adressée à la France qui ne respectait pas ses propres valeurs républicaines pourtant inscrites dans sa constitution, à savoir "Liberté, Égalité, Fraternité". Le Van Trung a découvert la face cachée, le revers de la"médaille "... ! Son arrestation constituait une violation de la liberté religieuse. L'acte de restitution témoigne de l'esprit courageux et combatif du chef de la religion caodaïste, exprimant par là son désir de liberté pour son peuple.

3. CAO TRIỀU PHÁT (1889-1956)

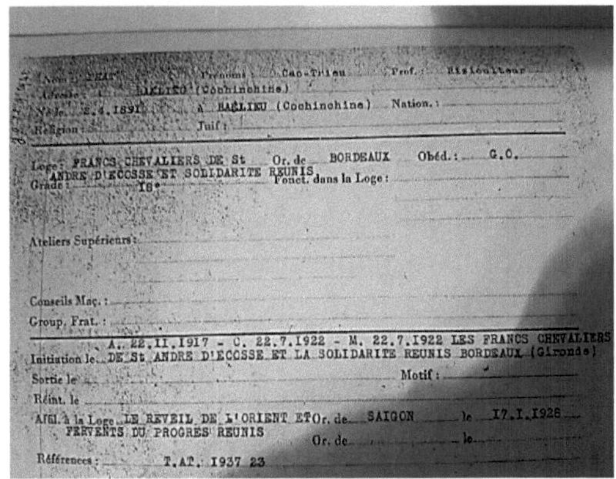

Prénoms : Cao-Trieu Prof. : Riziculteur
(Cochinchine)
Né le 2.4.1891 à BACLIEU (Cochinchine) Nation. :
Religion : Juif :

Loge : FRANCS CHEVALIERS DE St ANDRE D'ECOSSE ET SOLIDARITE REUNIS Or. de BORDEAUX Obéd. : G.O.
Grade : 18° Fonct. dans la Loge :

Ateliers Supérieurs :

Conseils Maç. :
Group. Frat. :

Initiation le A. 22.11.1917 - C. 22.7.1922 - M. 22.7.1922 LES FRANCS CHEVALIERS DE St ANDRE D'ECOSSE ET LA SOLIDARITE REUNIS BORDEAUX (Gironde)
Sortie le Motif :
Réint. le
Affil. à la Loge LE REVEIL DE L'ORIENT ET FERVENTS DU PROGRES REUNIS Or. de SAIGON le 17.I.1928
Or. de le
Références : T.AT. 1937 23

CTP est initié en franc-maçonnerie en France en 1922 où il fait ses études d'agronomie. Il est admis au sein de la loge "Saint André d'Ecosse et la Solidarité Réunis Bordeaux". Il est précisé qu'il est "Riziculteur". C'est une inexactitude volontaire car à cette époque, un riziculteur ne pouvait pas se rendre en France pour y étudier. Cao Triều Phát a tenu à déclarer des origines simples afin de faciliter ses activités patriotiques, de la même façon que Nguyễn Ái Quốc a changé de nom lorsqu'il est venu en France et a travaillé comme retoucheur de photos pour gagner sa vie. De retour au VN, Cao Triều Phát a participé aux activités de la loge "Le Réveil de l'Orient", à Saigon. Les intellectuels Indochinois voulaient fonder une franc-maçonnerie locale dans le but de faciliter les réunions et les activités libérales. De plus, certains frères coloniaux français refusaient d'être dirigés par des indigènes. C'est cette discrimination qui est sous jacente à la franc-maçonnerie - association que l'on considère pourtant comme progressiste et démocratique, qui a vraiment réveillé les intellectuels vietnamiens animés par un ardent désir d'indépendance nationale.

Cao Trieu Phap était le fils de Cao Minh Thanh - chef du district. Diplômé du lycée Chasseloup Laubat, il a travaillé comme fonctionnaire à Saigon. Il a rejoint l'armée française en Europe, comme interprète pendant la 1ere guerre mondiale aux côtés de 100 000 Indochinois quasiment enrôlés de force par le gouvernement colonial.

Les droits de l'homme n'étaient pas appliqués dans les pays colonisés. Le caodaïsme a en ce sens mis en évidence une soif d'harmonie entre les deux pays, par la voie pacifique. C'est peut-être l'une des raisons qui ont poussé Cao Triều Phát à se convertir au caodaïsme en 1930. À cette époque, de nombreux intellectuels étaient tentés par le caodaïsme avec un seul but : la construction d'un monde pacifique.

CTP a été emprisonné par les colonialistes français en 1941 en même temps que nombre de dignitaires caodaïstes qui ont été arrêtés et exilés.

Certains caodaïstes estiment que Cao Triều Phát et Nguyễn Phan Long ont été influencés par des agents communistes au sein même de leurs institutions religieuses. Pour preuve, tous deux avec d'autres ont fondé le Parti des travailleurs indochinois en 1926. Ils ont également fondé deux journaux du parti : "L'Ère Nouvelle" et "Le Nouveau journal quotidien ". En raison des positions anticoloniales de ces publications, le gouvernement de la Cochinchine a ordonné leur fermeture en 1929 procédant ainsi au démantèlement du parti. CTP a été expulsé de Saigon et placé sous résidence surveillée (Bạc Liêu) au motif de "perturbation à la sécurité politique et sociale". Il a cependant réussi à contacter des amis et des caodaïstes patriotes pour tenter de sauver son pays.

4. NGUYỄN PHAN LONG (1889-1960).

Nguyễn Phan Long a fait ses études en France où il a connu Bùi Quang Chiêu, Dương Vãn Giáo et quelques intellectuels franco-vietnamiens qui luttaient contre le gouvernement français et réclamaient l'égalité en Indochine.

De retour au Vietnam, il a ouvert le lycée Nguyễn Phan Long. En 1924, afin de protéger les droits commerciaux du peuple, il a rédigé avec Nguyễn Tấn Dược une publication intitulée "Étude sur le contrat de transfert du droit de transporter du riz, du maïs à Sài Gòn - Chợ Lớn ".

Il a été élu membre du conseil d'administration du comté de Cochinchine. En 1923 il a fondé avec quelques amis le Parti constitutionnel. Il a été nommé rédacteur en chef du journal La Tribune Indochinoise. Il a ensuite été rédacteur en chef de " la flamme de l'Annam", version vietnamienne de " La Tribune Indochinoise ", et "L'écho d'Annam". Nguyễn Phan Long a écrit des ouvrages importants. Il est malheureusement rarement mentionné du fait de son orientation politique.

Il a été nommé Premier ministre du gouvernement national du Vietnam par Bảo Đại, a exercé les fonctions de ministre de l'Intérieur pendant quatre mois. Nguyễn Phan Long a salué l'esprit d'harmonie religieuse du caodaïsme ainsi que la politique de réconciliation franco-vietnamienne qu'il a soutenue. Il a fondé l'Union Générale des caodaïstes, à une période où la religion risquait de disparaître du fait de l'exil de hauts dignitaires imposé par les Français. Par la suite les différentes branches du caodaïsme ont été regroupées afin d'assurer la survie de la religion. Nguyễn Phan Long a rejoint l'organisation FB3-Indo en compagnie de Cao Triều Phát, Trương Kế An et de nombreux amis pour lutter contre la présence japonaise en Indochine.

Nguyen Phan Long n'est pas un dignitaire du caodaïsme. Il a pourtant été élu président de l'Union Générale des caodaïstes, qui visait à unir tous les courants de la nouvelle religion lorsque Le vénérable Hộ Pháp Phạm Công Tắc a été exilé. Dans son discours prononcé lors du cérémonial d'inauguration du temple Đà Nẵng en 1938, il a utilisé le terme de "Fraternité Universelle" comme dans la devise maçonnique. Ce discours fut publié dans la revue "Fraternité Universelle"la même année, volume 1, pages 9 à 25, en français.

Mars 1946. Ho Chi Minh avec Leclerc et Sainteny. On pouvait encore tout espérer.

PARTIE IV.

ENGAGEMENT POLITIQUE

IV.1. GOUVERNEMENT PROVISOIRE

Le gouvernement de Vichy pensait qu'il détruirait les sociétés secrètes au Vietnam. En fait, certains membres de la Franc-maçonnerie ont échappé aux arrestations et aux poursuites. Ils se sont engagés en politique. Ils ont continué leur œuvre et ont participé à tous les domaines des affaires sociopolitiques. Ils se sont alliés pour l'indépendance. Comme ces élites intellectuelles "franco-indochinoises" maitrisaient bien le français, elles ont travaillé dans l'administration française. A compter de 1945 le jeune gouvernement provisoire a eu besoin de leurs services. Dès 1941 et pendant la guerre d'Indochine (1945-1954), de nombreuses loges maçonniques ont cessé de fonctionner, du fait des dangers encourus, car Phạm Quỳnh, Bùi Quang Chiêu, Tạ Thu Thâu leur ont démontré qu'il fallait cesser de participer à cette société secrète. C*es trois frères sont assassinés par les partis opposants.*

La situation politique du Vietnam a connu de nombreux bouleversements entre 1948 et 1954. La France ne voulait pas quitter l'Indochine. A l'époque la République Démocratique du Vietnam dirigée par le gouvernement de Hồ Chí Minh était encore jeune. Le référendum, les élections générales ainsi que les gouvernements provisoires qui furent mis en place fondaient leurs espoirs sur un vote général en faveur de la démocratie. Les gouvernements de courte durée se succédaient. Si l'on analyse la composition de ce type de gouvernement, on remarque que les premières élites vietnamiennes ont participé de plus en plus aux activités sociopolitiques et étaient membres du cabinet gouvernemental intérimaire. La France qui voulait conserver son emprise sur le Vietnam tenta également de rallier certains politiciens vietnamiens pour former un gouvernement pacifique en sa faveur. Plusieurs gouvernements provisoires se sont ainsi succèdés.

Après le soulèvement général de 1945, Dương Văn Giáo, un F a été soutenu par les Français, en accord avec Charles De Gaulle pour établir un "gouvernement provisoire de la Nation du Vietnam". Lorsque ce gouvernement a cessé de fonctionner DVG a été assassiné.

Parmi les principaux membres du cabinet gouvernemental de Trần Trọng Kim, mis en place le 17 avril 1945, Trần Trọng Kim lui-même et Trịnh Đình Thảo étaient membres de la Franc-Maçonnerie. Ce gouvernement n'a fonctionné que durant les quatre seuls mois qui ont précédé la proclamation de l'indépendance du Vietnam.

Dans le projet de nouvelle constitution destinée à préparer la reconstruction du pays après l'indépendance, Trần Trọng Kim a présenté un projet de gouvernement au roi Bảo Đại. Dans ce projet, on pouvait noter la présence de membres maçonniques dans le Conseil de rédaction de la Constitution sous la direction de Vương Quang Nhường a fait l'objet du décret n ° 60 du 07/07/1945, publié dans le journal "le Vietnam Tân Báo" le même jour. L'avocat maçonnique Trịnh Đình Thảo était nommé à ce Conseil de la réforme judiciaire et administrative, et le professeur Hoàng Minh Giám au Conseil de la réforme de l'éducation.

Ont été nommés ensuite Nguyễn Quang Oánh et le médecin Phạm Ngọc Thạch du Conseil de la jeunesse (décret 70 du 30/06/1945, publié dans le numéro 65 du Vietnam Tân Báo du 15 Juin 1945 ainsi que dans le numéro du 10/07/1945).

Le Gouvernement Provisoire du Vietnam a été mis en place le 27 mai 1948, pour préparer la mise en place du gouvernement de l'État du Vietnam dirigé par le chef de l'État Bảo Đại (roi Bảo Đại) à compter du 14 juillet 1949. Trần Quang Vinh (Caodaiste-Maçonnique) figure sur la liste des membres du cabinet du conseil).

Le gouvernement de la Cochinchine (1946-1947) était dirigé par le Franc-Maçon Nguyễn Văn Thinh (docteur en médecine), figurait également dans ce gouvernement le "Frère " Trần Van Ty, à la tête du ministère de la Justice.

Au sein du gouvernement provisoire établi du 27 mai 1949 au 21 janvier 1950, Trần Quang Vinh est nommé ministre de la Défense. Ce gouvernement est dirigé par le chef nationaliste Bao Dai est formé le 14 juillet 1949. Après la proclamation officielle du gouvernement, Nguyễn Phan Long est nommé ministre. Trần Quang Vinh se voit confier le ministère de la Défense – Tous deux sont "frères maçonniques ".

Le gouvernement de Nguyễn Phan Long voit le jour le 21 janvier 1950 : Nguyễn Phan Long est nommé Premier ministre par le président de l'État Bảo Đại en remplacement de Nguyễn Văn Xuân. Et a été contraint de démissionner par le Haut-Commissaire français du fait de propagation d'une idéologie nationaliste indépendante et pro-américaine, alors que les Français voulaient reconquérir l'Indochine. Nguyễn Phan Long assume également les fonctions de ministre des Affaires Étrangères et de l'Intérieur. Le "Frère " Trần Quang Vinh a quant à lui pris en charge l'armée de Cao Dai.

Ce gouvernement a été modifié le 21 février 1951. Dans le nouveau cabinet, Vương Quang Nhường, un "Frère" est ministre adjoint du Premier ministre et ministre de l'Éducation nationale. Lors du remaniement du 7 mars 1952, Vương Quang Nhường a exercé la charge de ministre de la Justice.

Le gouvernement de Nguyễn Văn Tâm établi le 25 juin 1952 ne comprenait pas de Frères. Le 8 janvier 1953 ce gouvernement a été lui aussi modifié-et a invité Tân Hàm Nghiệp – un "Frère" à occuper les fonctions de ministre de la Santé.

Ce gouvernement a été amendé par le chef de l'Etat Bảo Đại qui a placé à sa tête le prince Bửu Lộc (11 janvier 1954-16 juin 1954). Deux "frères maçonniques" figurent dans ses rangs : Phạm Văn Huyên ministre du Travail et des Affaires sociales et Tân Hàm Nghiệp qui est reconduit dans ses fonctions en tant que ministre de la Santé, des Anciens combattants et des Victimes de guerre. Le poste assigné à Tân Hàm Nghiệp est une conséquence de la brutalité de la guerre d'Indochine et des terribles pertes en vies humaines qui en découlent.

Parmi les membres du gouvernement de Ngô Đình Diệm établi le 6 juillet 1954 figurait le "Frère " docteur Phạm Hữu Chương, ministre de la Santé et des actions sociales. Le cabinet changea le 24 septembre 1954, Ngô Đình Diệm était catholique, il ne pouvait accepter les sociétés secrètes et la laïcité. Au bout de deux mois seulement, Phạm Hữu Chương a quitté ce cabinet gouvernemental.

La présence de frères maçonniques de tendances politiques diverses, garantissait la liberté d'expression. Certains frères maçonniques ont initialement eu tendance à soutenir les Japonais pour évincer les Français comme Trần Trọng Kim et Trịnh Đình Thảo. D'autres ont suivi la révolution de Hồ Chí Minh comme Hoàng Minh Giám, Phạm Ngọc Thạch. D'autres encore ont soutenu le gouvernement Bảo Đại tels Vương Quang Nhường, Tân Hàm Nghiệp et Phạm Văn Huyên. Nguyễn Phan Long est une personnalité politique présente omni-présente. Il fait partie de l'association "FB3" (Free Brothers – une association maçonnico-politique). C'est un adepte de la religion Caodaiste, au sein d'un parti "constitutionnaliste presse". Il a joué un rôle important dans des nombreuses organisations. C'est pour cette raison que certains Caodaistes disent qu'il n'est pas un croyant fidèle à Cao Đài, mais qu'il a été infiltré par une association secrète... Lui-même et Cao Triều Phát, deux "frères maçonniques " se sont convertis au caodaïsme afin de chercher un chemin pacifique pour sauver leur nation.

IV.2. GOUVERNEMENT[12]

1. République démocratique et République socialiste du Vietnam

Après 1954, dans le Nord du Vietnam, Hồ Chí Minh (HCM) est devenu président de la République Démocratique du VN jusqu'à sa mort en 1969. Certains frères maçonniques ont suivi HCM, occupant des postes importants dans le cabinet du gouvernement. Ils ont continué à exercer leurs fonctions même après l'unification du pays. Après 1975, certains "frères maçonniques " ayant soutenu le régime du Sud Vietnam n'ont pas participé au gouvernementales et se sont exilés à l'étranger.

Cao Triều Phát : En 1947, il a été élu président de l'association des caodaïstes patriotes. À cette époque, il était le dignitaire vénérable maitre du corps Cửu Trùng Đài (équivalent du Pape). Cependant, comme il n'est pas élu par un oracle divin selon les règles de la religion Caodaiste, il n'a pas été reconnu par le Saint –Siège de Tây Ninh. Il a gagné le Nord après les accords de Genève de 1954. Il était membre de l'Assemblée nationale, conseiller du Comité de la résistance du Sud, membre permanent de l'Assemblée nationale et membre du Comité central du Front de la patrie du Vietnam jusqu'à sa mort en 1956.

---

[12] La République démocratique du Vietnam – puis La République Socialiste du VN Cộng Hòa Xã Hội Chủ Nghĩa Việt Nam.

1.Hoàng Minh Giám: Il a occupé de nombreux postes importants dans le gouvernement de la République Socialiste du Vietnam: Vice-ministre de l'Intérieur (mars 1946) / Membre de l'Assemblée nationale de la République démocratique du Vietnam puis de la République Socialiste du Vietnam à partir du 1946, Membre de la Commission Permanente de l'Assemblée nationale, Président de la Commission des affaires étrangères du 6eme congrès de l'Assemblée nationale (1976-1981) / Vice-ministre des Affaires étrangères (Novembre 1946 - février 1947) / Membre permanent du Comité central du Front de l'alliance des Vietnamiens (mars 1951) / Ministre de la culture de la République démocratique du Vietnam (septembre 1954 - juin 1976). Retraité, il continue d'être invité à participer à certaines activités politiques : Membre du Comité central du Front de la Patrie du Vietnam (1955 - 1994) / Président du Comité du Vietnam pour la solidarité et l'amitié avec les peuples des autres pays....

2.Phạm Ngọc Thạch : il a été nommé ministre de la Santé dans le gouvernement provisoire de la République démocratique du Vietnam /membre du Comité populaire du Sud, puis vice-ministre du Palais présidentiel (du 21 mai au mois de novembre 1946), Chef de la délégation gouvernementale au Sud (1948-1950), président du comité de résistance de la région administrative spéciale de Saïgon - Cholon, chef du département de la santé du parti travailliste du Vietnam, vice-ministre de la santé (1954-1958). A compter de1958 il a exercé les fonctions de ministre de la Santé jusqu'à sa mort en 1968.

3.Trịnh Đình Thảo : En 1975, le Vietnam a été réunifié. De 1976 à 1981, TDT a été membre de la 6e Assemblée nationale de la République socialiste du Vietnam, membre du Comité de rédaction de la Constitution, membre du Présidium du Comité central du Front de la Patrie du Vietnam (1977).

PARTIE V

GLORIFICATION

V.1. GLORIFICATION DE LA RELIGION

Les Vietnamiens ont un dicton "Quand tu bois de l'eau, pense à sa source", et "Pense à celui qui a planté l'arbre dont tu manges les fruits". Pour eux le culte des ancêtres est important. Sur leurs autels, les trois religions sont réunies ; ils vénèrent Bouddha, Confucius et leurs Ancêtres. Le Caodaïsme est une religion syncrétiste. Elle rend hommage à tous ceux qui ont apporté des contributions reconnues à la religion et à l'humanité.

Les caodaïstes ont honoré Lê Văn Trung – leur 1er pape "Giáo tông", Ngô Minh Chiêu, Grand Dignitaire et fondateur de la religion, ainsi qu'un haut dignitaire Cao Triều Phát. Ces deux premiers dignitaires sont vénérés sur la plupart des autels des familles pratiquantes du caodaïsme.

1. SAINT NGÔ MINH CHIẾU.

Ngô Minh Chiếu a fondé ce courant religieux Chiếu Minh à Cần Thơ qui s'est progressivement développé en une branche dite de l'ermitage ou pratique de la purification. Il pratique en particulier l'ascèse du sommeil assis. A l'heure du trépas on laisse le corps en position assise. L'œil gauche ouvert est le sceau de l'illumination. Un groupe de disciples à Cần Thơ a formé la branche "la séance " Chiếu Minh. La séance est un lieu de prière un lieu de pratique spirituelle. Ceux qui ont suivi la branche Chieu Minh ont repris le nom de Minh. Les cultivateurs hommes et femmes ajoutent le mot Minh à leur nom pour indiquer le nom de leur religion, tels que : Minh Chiếu (Ngô Văn Chiếu), Minh Huân (Lê Văn

Huân), etc. En mai 1927, ils ont construit le cimetière Chiếu Minh à Cần Thơ.

Le Vénérable Dignitaire Ngô Minh Chiếu est mort en 1932. Ses adeptes de Cao Đài Chiếu Minh Tam Thanh Vô Vi ont construit Thanh Đức Tổ Đình « lieu de culte des ancêtres de leur religion pour vénérer Saint Ngô Minh Chiếu. Ngô Minh Chiếu a été canonisé sous le nom de Saint Ngô Minh Chiếu. Le jour anniversaire de sa mort est appelé le saint jour. Chaque année, les adeptes célèbrent le jour de la disparition de ce fondateur.

Dans les lieux de pratique de cette religion, sont disposés sur l'autel, un œil céleste et le portrait de Ngô Minh Chiếu.

Sur l'autel, coexistent Bouddha, Jésus et Ngô Minh Chiếu

On aperçoit en arrière-plan la tour destinée à vénérer le Saint Ngô Minh Chiếu

La Maison du culte des fondateurs (les ancêtres) du courant religieux : Chiếu Minh Cao Đài, 264 Đường 30 Tháng 4, Hưng Lợi, Ninh Kiều, Cần Thơ, Việt Nam.

Le temple du Saint Ngô Minh Chiếu

En haut, l'œil, en bas, le portrait de Ngô Minh Chiếu

2. Le temple du pape Lê Văn Trung.

Ce sanctuaire a été construit en hommage aux personnes jugées méritantes avec envers la société et la religion. Lê Văn Trung fut le premier pape de la religion caodaïste. Ce temple fondé par les adeptes caodaistes de Tây Ninh est situé rue Cách Mạng Tháng Tám, quartier Ninh Thạnh, dans la ville de Tay Ninh, province de Tây Ninh au Vietnam. Chaque jour, un fidèle s'y recueille et fait brûler de l'encens. Les pélerins s'y arrêtent souvent pour rendre un hommage.

Le temple du Pape Lê Văn Trung

Avant 1975 il y avait à Tây Ninh, une école primaire qui portait le nom Le Van Trung. Aujourd'hui encore, certains élèves exilés aux États-Unis détiennent toujours des photos commémoratives de la naissance du caodaïsme. Le lycée Lê Văn Trung créé en 1951 se trouve rue Hoàng Tống Hương, (actuellement rue Ngô Tùng Châu), à plus de trois kilomètres au sud-est de la ville de Tây Ninh. Ce lycée est placé sous la tutelle du Saint siège Tây Ninh. L'école Lê Văn Trung est un établissement de charité, gratuit, ouvert à tous. Il dispense le même programme que celui du ministère de l'Éducation nationale du Sud Vietnam. Bien que le lycée appartienne au Saint-Siège de Tây Ninh, il accepte à la fois des élèves athés, non bouddhistes ainsi que d'autres élèves du voisinage. Il y est dispensé un enseignement général, favorisant les enfants pauvres afin qu'ils puissent aller à l'école. Certains professeurs non bouddhistes ont par ailleurs participé à l'enseignement dans ce lycée qui exista pendant 23 ans.

Một nhóm học sinh đệ tứ niên Lê Văn Trung 1956-1957

Ecole primaire et collège de Charité Lê Văn Trung –Tây Ninh.

A. **Commémoration – funérailles**[13]

Les fêtes de glorification revêtent diverses formes. Outre des créations de médailles, des édifications de mausolées, des constructions de palais et de temples, une cérémonie commémorative solennelle est organisée pour certains défunts.

[13] Nguyễn ái Quốc est devenu président du Vietnam. Les funérailles de Hồ Chi Minh sont célèbres et le monde entier a adressé des messages de condoléances. La presse l'ayant relaté, ce fait n'a pas été mentionné dans cette partie. Le mausolée de Ho Chi Minh au centre de Hanoi en constitue une preuve (voir ci-dessous).

1. **Funérailles de Nguyễn Văn Vĩnh**

Nguyễn Văn Vĩnh était un journaliste et un traducteur célèbre qui a créé un pont culturel entre la France et le Vietnam. Il a non seulement encouragé l'apprentissage de la langue nationale par ses compatriotes, mais il a également diffusé la culture française afin d'améliorer le niveau intellectuel de la population. Ses traductions ont permis de faire connaître la culture vietnamienne à travers le monde. Il a traduit de nombreuses œuvres françaises célèbres dans la langue vietnamienne ainsi que des récits vietnamiens en français tels que l'histoire de Kiều et le dialogue du film de Kim Vân Kiều destiné aux salles de cinéma indochinoises... Du fait de dépenses excessives engagées pour la culture et de l'achat d'une imprimerie, il a fait faillite et a été arrêté. Cette situation de l'a contraint à se rendre au Laos pour trouver de l'or avec lequel il avait l'espoir de rembourser ses dettes. Il meurt seul en 1936 sur un bateau au milieu de la rivière Se Bang Hieng (la rivière Sepon - où des orpailleurs viennent chercher le précieux métal). Ses frères en maçonnerie ont ramené son corps à Hanoï où ils ont organisé une cérémonie funèbre au sein de la loge "Fraternité " située 107 rue Trần Hưng Đạo, Hanoi.

L'édition du 11/05/1936 du journal "Annam Nouveau" a consacré presque tout le numéro de ce jour à cet événement qui fait état des obsèques avec publication d'une photo où plus de 10 000 personnes sont rassemblées, dont de nombreux artistes et écrivains célèbres qui se sont regroupés tout le long de la rue de la gare. Le journal a publié trois éloges : celui de M. Delmas, Vénérable de l'Association des droits de l'homme", celui du député Phạm Huy Lục, Vénérable de la loge Confucius, et celui de Janvier Lan, l'un des fondateurs de cette loge. A également été publié un article de Nguyễn Tiến Lãng ...

Sur la place de la Gare, plus de 10.000 personnes attendaient la levée du corps.

Sur la place de la Gare, plus de 10.000 personnes attendent la levée du corps

La veillée funèbre à la Loge maçonnique

Veillée funèbre à la loge maçonnique

Les maîtres maçons (Delmas, Janvier Lan, Phạm Huy Lục) et la famille de Nguyễn Văn Vĩnh présents à l'enterrement.

Photo : Les membres de la presse vietnamienne habillés à l'européenne.

Ces images montrent que la population et les frères ont respecté ce grand écrivain et journaliste vietnamien au début du XXe siècle.

15. La Cérémonie funèbre de Nguyễn Văn Thinh

Photo : Le convoi funéraire de Nguyễn Văn Thinh devant le portail du jardin botanique de Saigon (photo prise par l'imprimerie l'Union, Saigon, 1947)

16. L'arrivée de la dépouille du roi Duy Tân à Huế

Photo : Les habitants de la ville de Huế attendant le corps du roi Duy Tân.

Deux personnages maçonniques, le prince Vĩnh San et Nguyễn Văn Vĩnh, sont morts à l'étranger. Leurs dépouilles ont été rapatriées au Vietnam. Le rapatriement du corps du prince Vinh San au Vietnam est dû au soutien de Jacques Chirac, membre de la FM, Premier Ministre de la République française à cette époque.

Ce roi a connu dans sa jeunesse de nombreuses vexations et souffrances de la part de son pays. Il a été déporté par les Français et a été exilé à l'ile de la Réunion.

Le 2 septembre 1945, le Vietnam a proclamé son indépendance. Cependant, les Français n'ont pas quitté l'Indochine. La situation en Indochine était dès lors très tendue. Le 25 août 1945, le roi Bảo Đại a lu sa déclaration d'abdication. La dynastie Nguyễn a pris fin au Vietnam. La France voulait conforter son occupation en Indochine.

Le prince Vĩnh San s'est rallié à l'armée française. Selon certaines rumeurs politiques, le gouvernement français aurait eu l'intention de l'utiliser dans une manœuvre politique destinée à restaurer la royauté. Un gouvernement pro-français aurait été établi au Vietnam.

Le gouvernement français a décerné à M. Vĩnh San la médaille de la résistance. Sa coopération avec le gouvernement français durant la seconde guerre mondiale était motivée par la volonté de mettre fin au conflit contre les nazis.

Sa mort lors d'un accident d'avion survenu à la fin de 1945 a suscité de nombreuses théories complotistes. Au moment de sa mort il servait comme commandant de bord dans l'armée française. Le gouvernement français et les frères Francs-Maçons n'ont pas pu organiser de grandes funérailles. La France se préparait alors à la guerre d'Indochine. Le gouvernement français l'a immédiatement oublié pour se préparer à faire face aux situations tendues en Indochine. L'Indochine était une colonie riche qui qui bien exploitée rapportait beaucoup. Le jeune gouvernement vietnamien qui était confus protégeait toujours ses intérêts appelant à une cagnotte dite de "la semaine en or" destinée à le soutenir. Il en résulte que la figure du roi patriote a été temporairement oubliée. De plus, son ralliement à l'armée française a également contribué à en faire un argument d'oubli. Le gouvernement du général de Gaulle qui avait contribué, à la victoire de 1945 contre le nazisme n'avait en fait aucune intention de reconnaître l'indépendance du Vietnam. Le roi Duy Tân exilé n'était qu'un pion entre les mains des Français. La France a misé sur la politique de l'oubli craignant que le mouvement patriotique des exilés vietnamiens ne prenne de l'ampleur en France. Nombreux étaient ceux qui souhaitaient soutenir le gouvernement de Ho Chi Minh.

En 1987, la dépouille du roi a été rapatriée par le gouvernement vietnamien avec le soutien du gouvernement français. Depuis, le roi repose à côté de son père. Cependant, la tombe du 2me roi Hàm Nghi est restée en France.

4. **Commémoration du docteur Nguyễn Văn Luyện.**

En décembre 1953, l'Assemblée nationale de la République Démocratique du VN se réunit dans la zone de guerre du Việt Bắc. Les délégués ont respecté des minutes de silence pour commémorer Nguyen Van Luyen ainsi que d'autres députés de l'Assemblée nationale tels que Thái Văn Lung (Gia Định), Huỳnh Bá Nhung (Rach Gia), Nguyễn Văn Tố (Nam Định) ... honorés pour le sacrifice fait à leur pays.

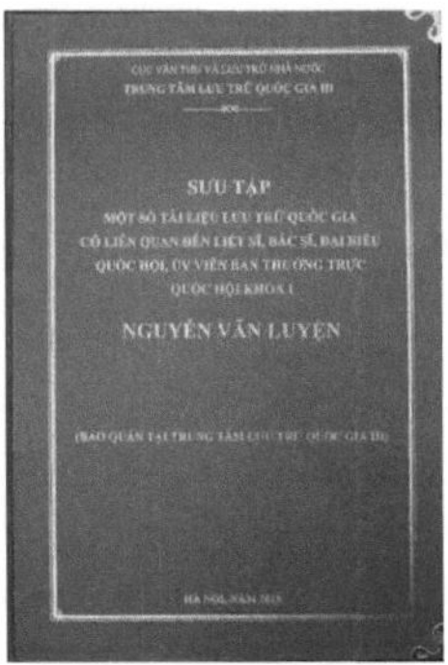

L'ouvrage du docteur Nguyễn Văn Luyện publié en 1915 est une preuve de sa contribution pour le VN.

5. Le mausolée de Hồ Chí Minh

Le mausolée de HCM se trouve place Ba Đình à Hanoi.

V.2. LA GLORIFICATION A TRAVERS LES NOMS DES RUES

V.2.1. AVANT 1975

La situation politique au Vietnam est extrêmement complexe. Après 1954, le Vietnam a été divisé en deux entités étatiques dotées de régimes totalement opposés. Le 17e parallèle délimitait la frontière entre les deux états. Les noms de personnages célèbres ont été donnés à certaines rues afin de leur rendre hommage, mais en raison du changement de gouvernement, certaines rues ont été débaptisées et renommées.

1.Rue Bùi Quang Chiêu actuellement rue Đặng Thị Nhu.

1	Bến Thương Khẩu	B 5	4	[illegible] mạnh Trinh
5	Bến Vân Đồn	C 6	4	Chu văn An
5	B. Dương c. Trừng	E11	5	Cô Bắc
8	Bình Đông	D13	7	Cô Giang
8	Bình Tây	D12	6	Công ch.Huyền Trân
10	Bình Tiên	D13	6	Công ch.Ngọc Hân
10	Bình Thới	F11	11	Cộng Hòa
3	Bùi Chu	D 7	9	Công Quỳnh
11	Bùi duy Thanh	C 9	5	Công Lý
1	Bùi duy Bích	C12	8	Cường Để
6	Bùi hữu Nghĩa	C 9	5	Dã Tượng
5	Bùi quang Chiêu	D 6	9	Duy Tân
5	Bùi thị Xuân	D 7	9	Dương bá Trạc
3	Bùi Viện	D 7	9	Dương công Trừng
11	Calmette	C 6	9	Đặng Dung
6	Cao bá Nhạ	C 7	9	Đặng đức Siêu
1	Cao bá Quát	D 5	1	Đặng minh Khiêm
6	Cao Đạt	C 8	5	Đặng nguyên Cẩn
7	Cao Thắng	E 7	3	Đặng Tất
9	Cần Giuộc	C11	8	Đặng thái Thân
6	Cây Điệp	E 5	1	Đặng trần Côn
7	Chánh Hưng	C10	8	Đào duy Từ
8	Châu văn Tiếp	D10	5	Đào nguyên Phổ
8	Chiêu anh Cát	C 9	5	Đào Tấn

Dans cette ancienne liste des rues de Saigon, existait une rue Bùi Quang Chiêu.

2. DUY TÂN. De nombreuses villes ont renommé des rues du nom de Duy Tan avant 1975. Ultérieurement certaines ont changé à nouveau d'appellation.

- La rue Duy Tân (Hanoi) a ainsi été remplacée par la rue Hue.

- La rue Duy Tân, à Saigon s'appelle maintenant rue Phạm Ngoc Thọch, à Hồ Chi Minh ville.

Rue Duy Tân (Sài Gòn)

Avenue Duy Tân, Đà Nẵng

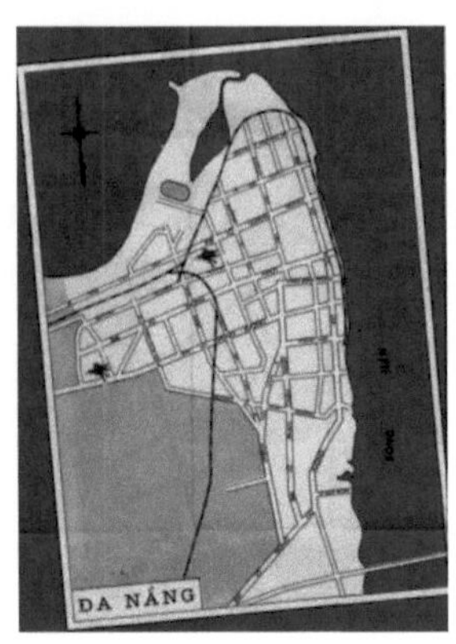

Boulevard Duy Tân, près de la mer, à Nha Trang, actuellement bld Trần Phú

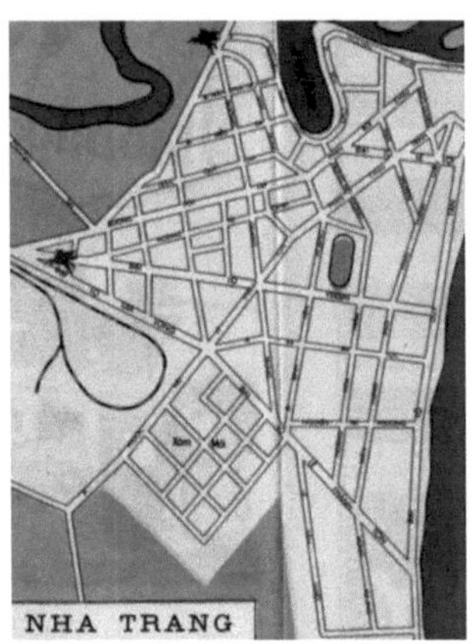

- Le nom de la longue rue Duy Tân (Huế) a été changé en Nguyễn Chí Thanh. Elle est parallèle à la rue Bạch Đằng.

- La Place Duy Tân, Tây Ninh, sous la période coloniale française appelée aussi Place des Marchés (Place du Marché), s'appelle actuellement Place Nguyễn Đình Chiểu.

- La rue Duy Tân à Cần Thơ s'appelle désormais Hoàng Văn Thụ.

3. *Le nom de la rue Nguyễn Văn Thinh*, pendant la période coloniale française était rue d'Ormay, nom changé en Nguyễn

Văn Thinh avant d'être à nouveau changé en rue Mạc Thị Bưởi. Selon un décret colonial français cette rue était la rue d'Ormay. La rue commence au début de la rue Hai Bà Trưng et se termine dans la rue Nguyễn Huệ.

Photo : Ancien panneau mentionnant la rue Nguyễn Văn Thinh

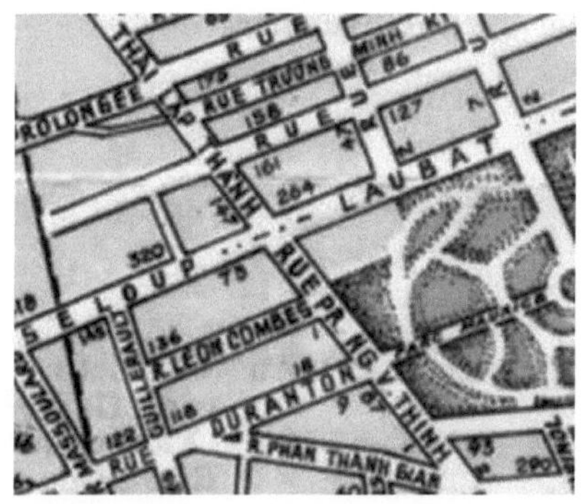

Avenue du Président Nguyễn Văn Thinh, saigon

4.*Avenue Tạ Thu Thâu*

A l'époque de la République du Sud Vietnam, une rue portait son nom. Le 22 mars 1955, dans le 2ème arrondissement du Saigon, il y avait une rue nommée Tạ Thu Thâu. Le 14 août 1975, l'administration militaire de Saigon - Gia Định a changé son nom en rue Lưu Văn Lang qui lui est resté. Le 2ème arrondissement a été fusionné avec le 1er arrondissement.

ĐƯỜNG SÁ							Thuận Kiều Thương Khẩu Tô hiến Thành Tôn Đản
5	Phan đình Phùng	E 6	5	Phùng Hưng	D11	5	Tôn thất Đạm
7	Phan huy Chú	D10	5	Phùng khắc Khoan	E 5	1	Tôn thất Thiệp
3	Phan kế Bính	E 5	1	Phước Hưng	D 9	5	Tôn thất Thuyết
9	Phan Liêm	F 5	1	Rạch Cát	B15	7	Tôn thất Hiệp
4	Phan Ngữ	F 5	1				Tôn thọ Tường
9	Phan Tôn	F 5	1	Sư vạn Hạnh	D 9	10	Tổng đốc Phương
5	Phan phú Tiên	D10	5	Sương nguyệt Anh	D 7	9	Trang Tử
1	Phan thanh Giản	E 6	3	Tạ thu Thâu	D 5	9	Trần Bình
8	Phan văn Đạt	D 5	1	Tản Đà	D10	5	Trần bình Trọng
1	Phan văn Hùm	D 6	9	Tân Hưng	D11	5	Trần cao Vân
10	Phan văn Trị	C 8	5	Tân Khai	E10	11	Trần chánh Chiếu
1	Phan văn Trường	C 6	9	Tân Phước	E10	11	Trần Điện
6	Phát Diệm	C 7	9	Tân Thành	E11	5	Trần hưng Đạo

Dans la liste des noms de rue de Saïgon, existait une rue Ta Thu Thâu. Auparavant cette rue s’appelait rue Sabourin (nom d’un français)

Avant 1975, certaines villes du sud ont également nommé des rues Tạ Thu Thâu comme à Sa Đéc (actuellement rue Đinh Tiên Hoàng), à Cần Thơ (actuellement cette avenue est divisée en trois sections : nommée « Mậu Thân », « 30 avril » « 3 février », et à Long Xuyên aujourd'hui nommée Nguyễn Thanh Sơn

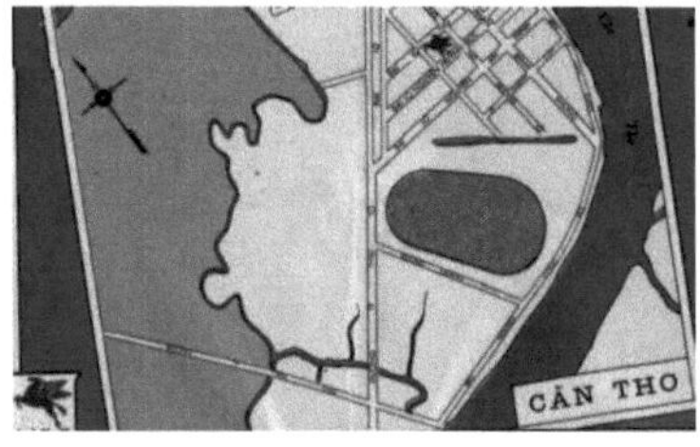

Avenue Tạ Thu Thâu à Cần Thơ

Auparavant, dans la ville de Mỹ Tho, dans la province de Tien Giang, existait une rue portant son nom dans le quartier 8, nom aujourd’hui changé.

Il convient en outre, de mentionner également le cas de la rue Phạm Quỳnh qui a fait l’objet d’un décret, qui n’a jamais été appliqué.

*Documents recueillis par Phạm Thị Trâm, en Amérique.

VIỆT-NAM CỘNG-HÒA
ĐÔ-THÀNH SAIGON
SỞ KẾ-HOẠCH

Số : 31 /KH

ĐÔ-TRƯỞNG SAIGON

- Chiếu Dụ số 57-A ngày 24.10.1956 ấn-định tổ-chức Hành-Chánh Quốc-Gia ;

- Chiếu SL số 74-TTP ngày 23.3.59, SL số 199-SL/NV ngày 22.12.69 và ND. số 209-BNV/NCDP/26/ND ngày 25.3.70 qui-chế sự quản-trị Đô-Thành Saigon ;

- Chiếu SL số 554-TT/SL ngày 22.11.1968 cử Đại-Tá Đỗ-Kiến-Nhiễu giữ chức-vụ Đô-Trưởng Saigon ;

- Chiếu ngày 19.10.55 của Tòa Đại-Biểu Chính-Phủ tại Nam-Việt đổi tên một số công-viên và đường xá tại Đô-Thành ;

- Chiếu Biên-bản của Hội-Đồng Đô-Thành Saigon trong các phiên họp ngày 21.7.71 và 11.8.71 thảo luận việc đổi tên công-viên Mê-Linh và đặt tên các đường xá chưa có tên trong Đô-Thành ;

- Chiếu VT. số 11225/BNV/HC/29 ngày 31.12.71 của Bộ Nội-Vụ,

NGHỊ - ĐỊNH

Điều 1.- Nay đổi tên công-viên Mê-Linh là Công-Trường Bạch-Đằng, giới hạn bởi các đường Thi-Sách, Hai-Bà-Trưng, Phan-văn-Đạt, Hồ Huấn-Nghiệp, Ngô-Đức-Kế và bến Bạch-Đằng.

Điều 2.- Các đường xá dưới đây, nay được mang tên như sau :

Đường mang tên số hoặc mang tục danh	Giới hạn, chiều dài và chiều rộng của đường	Được mang tên mới
- Đường Bạch-Cát đi Bà-Điểm	từ Bến Phú-Định tới đường Tân Hòa-Đông, dài 5.900m rộng 6m	Đường An-Dương-Vương
- Đường 25 thước	từ Đường-Lộ tới đường Bình-Thới : 1800m rộng 4 m	Đường Ông ÍCH-KHIÊM
- Đường số 54	từ Bến Lò-Gốm tới đường Lê-Quang Hiền dài 900M rộng 8m	Đường PHẠM-QUỲNH
- Đường số 56	từ Bến Lò-Gốm tới đường Lê-Quang Hiền dài 930m rộng	Đường TRẦN-TRUNG-LẬP

Điều 3.- Tổng Thơ-Ký Tòa Đô-Chánh, chiếu nhiệm vụ thi hành Nghị-Định này.

Nghị-Định này sẽ được đăng công-báo Việt-Nam Cộng-Hòa.-

NƠI NHẬN :
- Sở Cảnh-Sát Lưu-Thông

Saigon, ngày 10 tháng 01 năm 1972
Ký tên
Đại-Tá ĐỖ-KIẾN-NHIỄU

SỞ CẢNH-SÁT LƯU-THÔNG

Saigon, ngày 13 tháng 01 năm 1972
Số : 450 /CSTD/35/71/HI

Sao y gởi quí Ông - Chủ-Sự Phòng
- Liên-Đội-Trưởng
- Trung-Tâm-Trưởng
- Trưởng-Đội

"Để phổ biến đến thuộc viên am tường tên đường mới hầu hướng dẫn dân chúng. Riêng Phòng Nghiên-Kế cho sửa lại tên đường mới trên bản đồ."

TL. CHÁNH-SỰ-VỤ SỞ CẢNH-SÁT LƯU-THÔNG
Chủ-Sự Phòng Tổng-Vụ,

VŨ-ĐÌNH-THỌ
Đại-Úy Cảnh-Sát

Le décret établissant le nom de la rue Phạm Quỳnh

Ainsi, chaque rue raconte une histoire associée à un régime politique. La même rue, depuis la période coloniale française jusqu'à aujourd'hui a pu voir son nom changer 3 ou 4 fois. L'annulation des décisions de l'ancien régime est tout à fait logique et compréhensible.

V.2.2. GLORIFICATION PAR LES NOMS DE RUES APRÈS 1975

B.2.I. **Glorification dans le pays et à l'étranger**

I. HỒ CHÍ MINH – NGUYỄN TẤT THÀNH – NGUYỄN SINH CUNG – NGUYỄN ÁI QUỐC

Hồ Chí Minh a joué un rôle déterminant dans la libération nationale. On trouve son nom partout au Vietnam. La deuxième plus grande ville du VN après Hanoi, Saïgon ancienne capitale du Sud VN, à l'extrémité de la route la plus longue qui relie le nord au sud du pays, a été nommée Hồ Chí Minh ... De nombreuses provinces et villes ont également été appelées HCM., ainsi que des jardins, et des monuments. Des statues HCM existent dans tout le pays, notamment au centre de Hanoi sur la place Ba Đình. Un mausolée renfermant la momie de HCM y a été édifié.

HCM, porte aussi d'autres noms : Nguyễn Sinh Cung (nom de naissance), Nguyễn Tất Thành, Nguyễn Ái Quốc. Il existe en conséquence de nombreuses rues de grandes villes portant ces noms.

Les rues HCM au Vietnam.

La ville Saigon a renommé en HỒ CHÍ MINH Ville et la plus longue route du Vietnam est nommée HCM.

1.1 NGUYỄN TẤT THÀNH

1. Avenue Nguyễn Tất Thành, Hải Châu, Đà Nẵng.

2. Avenue Nguyễn Tất Thành, Cao Minh, Phúc Yên, Vĩnh Phúc.

3. Avenue Nguyễn Tất Thành, Tp. Sa Đéc, Đồng Tháp.

4. Avenue Nguyen Tất Thành, Bến Gót, Tp. Việt Trì, Phú Thọ.

5 Avenue Nguyễn Tất Thành Khóm 4,Tx. Hồng Ngự, Đồng Tháp.

6. Avenue Nguyễn Tất Thành, Quận 4, Hồ Chí Minh.

NGUYỄN SINH CUNG

1. Avenue Nguyễn Sinh Cung, Tx. Cửa Lò, Nghệ An. 2. Avenue Nguyễn Sinh Cung, Tây Thượng, Phú Thượng, Phú Vang, Thừa Thiên Huế.

1.2 NGUYỄN ÁI QUỐC

Chemin Nguyễn Ái Quốc, Tp. Biên Hòa, Đồng Nai.

Grandes Ecoles et Instituts du Vietnam portent son nom Nguyễn Tất Thành

1.Université Nguyễn Tất Thành, 300A Nguyễn Tất Thành, Phường 13, Quận 4, Hồ Chí Minh.

2. Institut Politique National Hồ Chí Minh, 135 Nguyễn Phong Sắc, Nghĩa Tân, Cầu Giấy, Hà Nội, hay Trường Đại học Nguyễn Tất Thành, 135 Nguyễn Phong Sắc, Nghĩa Tân, Cầu Giấy, Hà Nội.

3. Collège et Lycée Nguyễn Tất Thành – ENS de Hanoi Nguyễn Tất Thành - Đại học Sư phạm Hà Nội. Địa chỉ: 136 Đường Xuân Thuỷ, Quận Cầu Giấy, Hà Nội.

I.2. **Les rues HCM à l'étranger**

Ho Chi Minh-Ville est célèbre, connue du monde entier après la chute de Dienbienphu. Même en France, il existe un monument à la mémoire de Ho Chi Minh situé à Montreuil, dans la banlieue de Paris, ville où le parti communiste français a remporté de nombreuses élections.

Le nom de Ho Chi Minh est devenu un symbole de la lutte pour l'indépendance de son peuple. Le VN est le 1er pays colonisé qui a proclamé son indépendance en 1945 et a réussi a être décolonisé. De nombreux pays colonisés ou sous protectorat tels que l'Algérie et le Maroc… ont suivi l'exemple du Vietnam et se sont libérés de la domination coloniale. Certains de ces pays ont donc baptisé des rues du nom de Ho Chi Minh.

Même en France ancienne puissance coloniale du Vietnam, qui avait traité les Vietnamiens comme des esclaves, il existe désormais 7 rues portant le nom d'Ho Chi Minh, dont 3 se trouvent sur des îles (Réunion, Guadeloupe). Cet honneur fait au président HCM est également un honneur pour le Vietnam.

Le nom de HCM est très populaire et universellement connu. Après l'indépendance et l'unification du pays en 1975, le Vietnam a établi des relations diplomatiques avec de nombreux pays. En Afrique et en Europe des rues portent le nom de HCM pour exprimer leur solidarité avec le Vietnam. En Italie, 20 rues portent le nom de HCM.

EN FRANCE.

Les villes où existent des rues nommées HCM sont des villes où la municipalité est ou était soit communiste, soit socialiste. Le désir d'oublier le ressentiment découlant de la guerre et d'aider le Vietnam après sa réunification en 1975 est évident. Certains maires, durant leur jeunesse, ont milité au sein de mouvement contre la guerre du Vietnam.

1. Rue Ho Chi Minh, 69120 Vaulx-en-Velin.
2. Rue Ho-Chi-Minh, 69200 Vénissieux.

3. Allée Ho Chi Minh, 69700 Givors.

4. Avenue Ho Chi Minh, 56600 Lanester.

5. Rue Ho Chi Minh, La Réunion.

6. Rue Ho Chi Minh, Pointe-à-Pitre, Guadeloupe.

7. Allée Ho-Chi-Minh, La Réunion.

ITALIE

En Italie, 20 rues portent le nom de Ho Chi Minh. Les capitales de pays comme Cuba, le Mozambique, l'Angola, l'Algérie, la Russie, ont aussi des rues HCM.

La raison pour laquelle de si nombreuses rues italiennes portent le nom d'Ho Chi Minh, résulte du fait qu'à cette époque Sandro Pertini (1896-1990), combattant de la résistance patriotique italienne emprisonné par les nazis pendant la guerre était Président du Parlement italien. Il défendait la paysannerie et la classe ouvrière. Il a affirmé que peu de citoyens étaient conscients du fait que ce sont ces catégories sociales qui se sont sacrifiées pour défendre leur pays contre la dictature fasciste. Nilde Iotti, membre du Parti communiste lui a succédé. L'Italie était un pays relativement pauvre par rapport aux autres pays de l'Europe de l'Ouest de l'époque, tels que la France, la Grande-Bretagne, l'Allemagne et les pays nordiques. Le taux de pauvreté était élevé. Le fait que le chef du Parlement était membre du Parti communiste a eu pour effet que malgré l'appartenance de l'Italie au bloc capitaliste, de nombreuses villes ont fait porter à des rues le nom de HCM.

1. Via Ho Chi Minh, Pero, Milan.

2. Via Ho Chi Minh, Bentivoglio (Bologne).

3. Via Ho Chi Minh, Modène.

4. Via Ho Chi Minh, San Polo, Parme.

5. Via Ho Chi Min, Praticello, Reggio d'Émilie.

6. Via Ho Chi Minh, Impruneta, Florence.

7. Via Ho Chi Min, Comiso, Raguse, Comiso RG.

8. Via Ho Chi Min, Campobello di Licata, Agrigente.

9. Via Ho Chi Min,60022 Castelfidardo AN.

10. Via Ho Chi Min, 06038 Spello PG.

11. Via Ho Chi Min, 47034 Forlimpopoli FC.

12. Via Ho Chi Min, 56029 Santa Croce sull'Arno PI.

13. Via Ho Chi Minh, 51015 Cintolese PT.

14. Via Ho Chi Minh, 43056 San Polo PR.

15. Via Ho Chi Minh, 42049 Sant'Ilario d'Enza RE.

16. Via Ho Chi Min, 42021 Bibbiano RE.

17. Via Ho Chi Min, 42123 Reggio Emilia RE.

17. Via Ho Chi Min, 42123 Reggio Emilia RE.

18. Via Ho Chi Min, 46029 Suzzara MN.

19. Via Ho Chi Min, 89024 Polistena RC.

20. Via Ho Chi Min, 09030 Samassi SU.

Autres pays

Le Vietnam est reconnu et Ho Chi Minh honoré dans certains pays anciennement colonisés, dont les peuples ont accédé l'indépendance telle que l'Algérie qui a 2 rues nommées Ho Chi Minh. De plus, il existe dans d'autres pays de l'ancien bloc socialiste (Union soviétique, Cuba…) des rues HCM qui commémorent ainsi l'amitié portée au Vietnam.

1. Rue (Phố) Ho Chi Minh, Oran, Algérie.

2. Boulevard (Đại lộ) Hochiminh, Tlemcen, Algérie.

3. Place (Quảng trường) Ho Chi Minh, Tananarive, Madagascar.

4. Avenida (Đường) Ho Chi Minh, Luanda, Angola.

5. Ho-Chi-Minh Nagar Road, (Đường) Muchipara, Behala Mauza, Maheshtala, Bengale-Occidental, Inde.

6. Ho Chi Minh Marg (Đại lộ), हो ची मिंह मार्ग, Nehru Enclave, Kalkaji, New Delhi, Delhi, Inde.

7. Prospekt Kho Shi Mina, проспект Хо Ши Мина, (đại lộ) Ulyanovsk, oblast, Russie, 432073.Ville Ulianovsk, à 900 km de l'Est de Moscou, il y a un bld. Hồ Chí Minh.

8. Ploshchad' Kho Shi Mina, площадь Хо Ши Мина, Moskva, Russie, Vùng, 117292. (Đường HCM ở Mạc tư khoa),

9. Avenue Ho Chi Min, Maputo, Mozambique.

Le chemin HCM, New Delhi, Inde.

Angola[14]

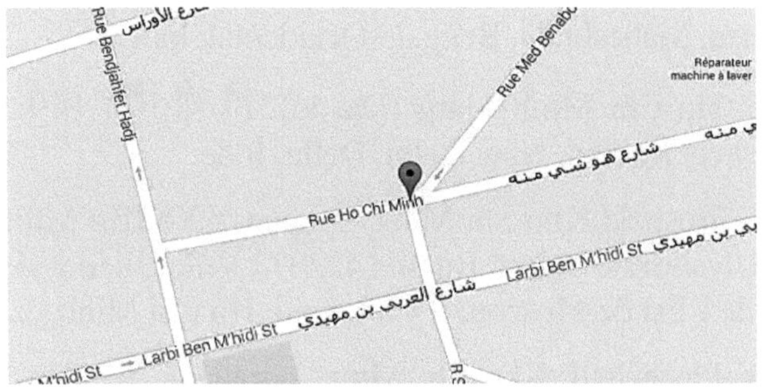

Algérie

Soit un total (la liste peut être incomplète) de 36 rue HCM à l'étranger.

B. DUY TÂN

De nombreuses villes, honorant le roi patriote, ont donné son nom à des rues et à des écoles.

Avant 1975, existaient déjà au Vietnam des rues portant ce nom. Après 1975, ces rues ont été débaptisées. Récemment, certaines villes ont donné le nom de Duy Tan à certaines rues

---

14 *https://baomoi.com/nhung-cong-trinh-mang-ten-ho-chi-minh-tren-khap-the-gioi/c/22308303.epi*

en l’honneur du jeune roi patriote qui a été exilé à l'âge de 16 ans.

1. Avenue Duy Tân, Tp. Huế, Thừa Thiên Huế.

2. Avenue Duy Tân, Hải Châu, Đà Nẵng.

3. Duy Tân, Hội An, Tỉnh Quảng Nam.

4. Avenue Duy Tân, Cầu Giấy, Hà Nội.

5. Avenue Duy Tân, Thành phố Hải Dương, Hải Dương.

6. Avenue Duy Tân, Hiệp Phú, Quận 9, Hồ Chí Minh.

7. Avenue Duy Tân, phường 15, Quận Phú Nhuận, HCM.

8. Avenue Duy Tân, Duy Tiên, Hà Nam.

9. Avenue Duy Tân, Thăng Bình, Quảng Nam.

10. Avenue Duy Tân, Lạc Dương, Lâm Đồng.

11. Avenue Duy Tân, Thành phố Nha Trang, Khánh Hòa.

12. Le district Duy Tân, Kon Tum, Province de Kon Tum.

13. Avenue Duy Tân, Thành phố Vinh, Tỉnh Nghệ An.

14. Avenue Duy Tân, Quận Trần Hưng Đạo, Thành phố Quảng Ngãi.

15. Avenue Duy Tân, Tam Kỳ, Duy Tân, Phước Hòa, Tam Kỳ, Quảng Nam.

16. Avenue Duy Tân, Ninh Thuận, Phan Rang, Phan Thiết.

17. Avenue Duy Tân Phường 1 Thành Phố Bảo Lộc Tỉnh Lâm Đồng.

Des écoles portent le nom de Duy Tân :

1. Collège Duy Tân, Duy Tân, An Cựu, Thành phố Huế, Thừa Thiên Huế.

2. Collège Duy Tân (Vũng Tàu).87 Lê Lợi, Phường 4, Thành phố Vũng Tầu, Bà Rịa - Vũng Tàu.

3. Collège Duy Tân Phú Yên, Nguyễn Hữu Thọ, Phường 9, Tuy Hòa, Phú Yên.

4. Collège Duy Tân, số 106 Nguyễn Giản Thanh, Quận 10, TP.HCM.

5. Lycée Duy Tân ninh thuận, Phan Rang, Tháp Chàm, Ninh Thuận.

DANS L'ILE DE LA RÉUNION

Le roi Duy Tân ex-prince Vinh San, détrôné par les Français, a été exilé à la Réunion. Cette île l'a honoré et a nommé " prince Vĩnh San" les voies suivantes :

1. Boulevard du prince Vĩnh San (Đại lộ Hoàng tử Vĩnh San), La petite ile, Saint Denis.

2. Rue Vĩnh San (phố Vĩnh San), Saint Pierre.

3.Pont Vĩnh San (Cầu Vĩnh San), 97400, Saint Denis.

V.3. GLORIFICATION AU VIETNAM

V.3.1. HOÀNG MINH GIÁM.

Militant et ancien révolutionnaire, le ministre de la Culture, Hoàng Minh Giám a été très actif au sein de son ministère. Il a dirigé d'importants travaux dans la zone de sécurité du Viet Bac pendant la guerre de libération contre la France. Il a reçu la médaille Hồ Chi Minh des mains du gouvernement de la République socialiste du Vietnam, la médaille de l'indépendance de première classe, la médaille de la résistance de première classe, la médaille de guerre de la résistance de première classe pour le salut national, la médaille pour ses 40 ans d'affiliation au parti communiste ...

1. Avenue Hoàng Minh Giám, thuộc quận Thanh Xuân và quận Cầu Giấy, Hà Nội.

2. Avenue Hoàng Minh Giám, Bãi Cháy, Tp. Hạ Long, Quảng Ninh.

3. Avenue Hoàng Minh Giám, TP. Nam Định, Nam Định.

4. Avenue Hoàng Minh Giám, Cẩm Lệ District, Đà Nẵng.

5. Avenue Hoàng Minh Giám, Hương Thủy, Thừa Thiên Huế.

6. Avenue Hoàng Minh Giám, Phường 14, Phú Nhuận, T.P. H.C.M.

V.3.2. PHẠM NGỌC THẠCH.

Le médecin Pham Ngoc Thach rejoignit le mouvement de l'alliance Viet Minh et apporta de nombreuses contributions à la fois à la science et à la résistance contre les Français. En 1958, lors du premier Congrès national des héros de l'émulation, il fut le premier médecin a recevoir le titre de "Héros du travail". En 1997, l'État lui a décerné à titre posthume, le prix Hồ Chi Minh pour ses contributions dans le domaine de la science. Plusieurs provinces l'ont honoré et ont baptisé certaines rues de son nom.

Un hôpital à HCM ville a également été dénommé "Hôpital Phạm Ngọc Thạch".

1.Avenue Phạm Ngọc Thạch, quận Đống Đa, Hà Nội.

2. Avenue Phạm Ngọc Thạch, Thành phố Phủ Lý, Tỉnh Hà Nam.

3. Avenue Phạm Ngọc Thạch, Thành phố Vũng Tàu, Bà Rịa, Vũng Tàu.

4. Avenue Phường 6, Quận 3, Hồ Chí Minh 72407.

5. Hôpital Phạm Ngọc Thach ở 120 Hồng Bàng, Phường 12, Quận 5, Hồ Chí Minh.

Service de Santé Phạm Ngọc Thạch

V.3.3. TRỊNH ĐÌNH THẢO

TDT a occupé de nombreux postes importants : président de l'Alliance des forces nationales démocratiques et pacifistes du Vietnam; Vice-président du Conseil consultatif du Gouvernement révolutionnaire provisoire de la République du Sud-Vietnam (1969-1976); membre de l'Assemblée nationale de la République socialiste du Vietnam, mandat VI (1976-1981); Membre du Présidium du Comité central du Front de la patrie du Vietnam (1977). Il a reçu la Médaille de l'Indépendance de Première Classe et la médaille de l'Ordre de la Résistance de Première Classe du Parti et de l'État. Trois rues Trinh Đình Thảo existent dans trois provinces différentes.

1. Rue Trịnh Đình Thảo, Khuê Trung, Cẩm Lệ, Đà Nẵng.
2. Rue Trịnh Đình Thảo, tân phú, HCM.

3. Rue Trịnh Đình Thảo, Phường Lộc Hạ, Nam Định.

Rue Trịnh Đình Thảo

V.3.4. TẠ THU THÂU

Tạ Thu Thâu était un patriote sincère et un militant actif pour l'indépendance de son pays. Il a mystérieusement disparu en année 45 probablement assassiné par des opposants. Après 1954, son nom a été donné à quelques rues au Vietnam. Après 1975, ces rues ont changé de nom, alors que d'autres villes ont à nouveau utilisé son nom. Les patriotes sont toujours respectés par le peuple. Actuellement, 3 rues portent le nom de Tạ Thu Thâu qui bien qu'il soit le seul non médaillé est reconnu comme un véritable patriote, le patriotisme étant une valeur éternelle.

1. Avenue Tạ Thu Thâu, tt. Cái Bè, Tiền Giang.
2. Avenue Tạ Thu Thâu, tt. An Châu, An Giang.
3. Avenue Tạ Thu Thâu, Hiệp Phú, Quận 9, Hồ Chí Minh.

V.3.5. CAO TRIỀU PHÁT

Cao Triều Phát et de nombreux adeptes du caodaisme ont soutenu la résistance du Việt Minh pour l'indépendance. Il a beaucoup contribué la diffusion de à cette religion sa vie durant. Il a reçu la médaille de l'Ordre de l'Indépendance, celle de deuxième classe en 1949 et celle de la résistance de première classe en 1957. Après sa mort, il a reçu à titre posthume, la médaille de la résistance de première classe en 1961. En remerciement de ses mérites, Hồ Chí Minh Ville a nommé son nom à une avenue.

Avenue Cao Triều Phát, Tân Phong, Quận 7, T.P HCM.

Le livre intitulé "Cao Triều Phát – L'intellect Sudiste" de l'écrivain Phan Trung Nghia, publié aux éditions Culture et Arts, constitue également un hommage posthume.

LÊ THƯỚC

Lê Thước est un enseignant qui a contribué à l'éducation et à la culture vietnamiennes au début du XXe siècle et ainsi qu'à la classification de s documents anciens et à la bibliothèque Hán Nôm.

1. Avenue Lê Thước, thảo điền, Quận 2, T.P HCM.

2. Avenue Lê Thước, Sơn Trà, Đà Nẵng 550000.

NGUYỄN VĂN VĨNH.

Nguyễn Văn Vĩnh a largement contribué à la conservation de la culture et de la langue ainsi qu'au maintien de la presse vietnamienne. A l'instar de Tạ Thu Thâu, c'était un homme sans médaille, mais célèbre dans le secteur de la presse vietnamienne pour son intelligence exceptionnelle. C'était par ailleurs un écrivain reconnu et un bon traducteur de la langue française.

1. Avenue Nguyễn Văn Vĩnh quận Tân bình, T.P HCM.

TRẦN TRỌNG KIM.

TTK a été Premier ministre du Vietnam pendant une courte période, mais il a proposé de fusionner les trois provinces sous la pression des Français qui avaient imposé ce par le au gouvernement royal Nguyễn la signature d'accords alors que le Vietnam était militairement et économiquement faible face à la Puissance occupante. L'Armée française a envahi le pays et a ainsi débuté les hostilités tout en obligeant les trois provinces du Vietnam à payer des indemnités de guerre.

1. Avenue Trần Trọng Kim, phường 22, Bình Thạch, HCM.

TRẦN VĂN LAI.

Cet ancien maire de Hanoi qui avait été nommé par les français a utilisé les noms de héros nationaux vietnamiens pour remplacer tous les anciens noms des rues que le gouvernement du protectorat avait utilisés suite au coup d'État japonais contre la France en Indochine.

1. Avenue Trần Văn Lai, Nam Từ Liêm, Hà Nội.

NGUYỄN VĂN NGỌC.

NVN a contribué à l'étude de la culture vietnamienne. Il a légué à la postérité de nombreux ouvrages de premier plan tels que "la quintessence des littératures classiques", "Une anthologie des ouvrages anciens", "les locutions et les proverbes ", "les enfants du roi Hùng", etc. Plusieurs villes lui ont fait l'honneur de donner son nom à des rues.

1. Avenue Nguyễn Văn Ngọc, Ba Đình, Hà Nội.

2. Avenue Nguyễn Văn Ngọc, Phường Tân Thành, Tân Phú, T.P HCM.

3. Avenue Nguyễn Văn Ngọc, Thành phố Hải Dương.

4. Avenue Nguyễn Văn Ngọc, Thành phố Phan Thiết, Bình Thuận.

5. Avenue Nguyễn Văn Ngọc, Cẩm Lệ District, Đà Nẵng.

EN GUISE DE CONCLUSION

Les membres fondateurs de la Franc-Maçonnerie vietnamienne étaient présents dans tous les domaines. Leurs vies jalonnées de succès et d'échecs démontrent que la maçonnerie est presque apolitique et laique. Leurs opinions politiques étaient diverses. Ils étaient membres de s partis différents : Socialiste, Trotskiste, démocratique, Kuomintang communiste... Le caodaisme est aussi une preuve supplémentaire de la synthèse réalisée entre conceptions théologiques diverses : Bouddhisme, Christianisme, Protestantisme, Culte des ancêtres, pensées de Voltaire, de Victor Hugo…

Obtenir des honneurs ne fait pas partie de leurs objectifs. Leurs contributions discrètes ont pour but d'agir en faveur de l'amélioration de l'humanité et pour le bien de leur pays. Le patriotisme et l'amour de leur Nation constituent la motivation essentielle de ces premiers membres de la Franc-maçonnerie vietnamienne qui rejoint ainsi l'action politique. Leur engagement et leur lutte pour un idéal d'indépendance nationale sont hautement appréciés.

La FM existe-t-elle toujours actuellement au VN ? Ses membres ne se sont jamais identifiés. Ils aspirent seulement à apporter silencieusement leur petite pierre à la construction d'un ordre social fondé sur le triptyque Liberté - Égalité - Fraternité. Aujourd'hui compte tenu du développement de la mondialisation, le Vietnam commence à s'ouvrir. Les étrangers viennent investir et travailler au Vietnam. Des footballeurs étrangers ont rejoint l'équipe vietnamienne et ont demandé la nationalité vietnamienne. Les mariages entre vietnamiens et étrangers ainsi que la présence de vietnamiens dans le monde entier sont une preuve de l'ouverture du Vietnam vers le monde. Les FM essaiment également et sèment des graines. Les expatriés qui viennent au Vietnam ont besoin de leur appui pour s'entraider dans le travail et dans la vie quotidienne. Bien entendu, en raison du principe du secret, les "Tenues"des Francs-maçons ne sont pas publiques. Du fait d'une règle de formation d'une branche maçonnique un certain nombre de membres doivent s'associer. Certains s'associent à des maçons de pays voisins, comme les Philippines et Singapour, afin d'organiser des tenues périodiques.

Une légende mystérieuse circule selon laquelle les premiers membres de la maçonnerie vietnamiennes qui ont trouvé la devise idéale : Liberté - Égalité -Fraternité qui a une valeur éternelle, sont maintenant au Nirvana. Leurs vies sont pleines de tempêtes. Mais ils ont légué à la génération suivante des exemples d'engagement pour la cause de la liberté. Ils ont non seulement laissé derrière eux des contributions précieuses à l'histoire culturelle du Vietnam mais ont également donné naissance à une génération talentueuse. Les parents peuvent avoir des succès et des échecs, mais leur soif de liberté et de fraternité est toujours transmise à la génération suivante. Mme Ngô Bá Thành est l'exemple typique d'une avocate talentueuse qui a succédé à son père Phạm Văn Huyên en conservant l'esprit de lutte permanente pour l'indépendance nationale. Son père a été expulsé vers le Nord par le gouvernement de Ngô Đình Diệm, mais elle n'a pas tremblé. Elle a continué à se battre et a fait à une grève de la faim…pour réclamer la paix pour son pays. Nguyễn Văn Vĩnh a eu deux enfants qui ont eu l'honneur de voir leur nom apposé sur des plaques de rues alors qu'ils vivaient dans deux pays différents. Professeur, Docteur en droit - fils de Nguyễn Văn Vĩnh, vivant en France, il a apporté une importante contribution à la ville de Montpellier ; il a eu l'honneur d'avoir une rue portant son nom : Nguyễn Phùng Maxilien (1921-1997). Nguyễn Văn Vĩnh a également donné naissance à un célèbre poète Nguyễn Nhược Pháp (1914-1938) avec le poème populaire "Pagode des Parfums" mis en musique. Il existe une rue Nguyễn Nhược Pháp au Vietnam qui se trouve à Hoa Ninh, Da Nang. La fille de Bùi Quang Chiêu, Henriette (1906-2012), fut la première femme vietnamienne médecin e avec une mention distinguée en France. Le compositeur Phạm Tuyên, fils de Phạm Quỳnh, a composé de nombreuses chansons connues durant la guerre contre les États-Unis. M. Nguyễn Xuân Oánh fils du médecin Nguyễn Xuân Bái, était Premier Ministre de la République du Vietnam. Après 1975, il a travaillé comme conseiller économique auprès du Secrétaire Général Nguyễn Văn Linh et du Premier Ministre Võ Văn Kiệt…

BIBLIOGRAPHIE

BORESNIAK, *Daniel, Symbols des Franc-maçons*, 1977

CAO HUY THUAN, *Đạo Thiên Chúa và chủ nghĩa thực dân tại Việt Nam*, Hương Quê, P.O. Box, 4294. Los Angeles, CA 90051, USA, 1988.

CHEVALIER Pierre, *Grandes études historiques, La Maçonnerie*, 3 volumes, *École de l'égalité* 1725-1799, *Église de la République* 1877-1944; *Missionaire du libéralisme*, 1800-1877, Fayar 1975.

COMBES A., *Les trois siècles de la Franc-Maçonnerie Française*, Edimaf, 1987.

COULET G. *Cultes et réligions de l'Indochine Annamite*, Saigon, 1973.

DALLOZ Jacques, *Franc-maçons d'Indochine*, 1868-1975, Éditions maçonniques de France, 2002.

DE LANESSAN, *L'Indochine Française*, Paris, Alcan 1889.

DE LANESSAN, *La Colonisation française en Indochine*, Paris, Alcan, 1895.

DE LANESSAN, *Les missions et leur protectoriats*, Paris, Alcan, 1907.

DE LANESSAN, *Principes de colonisation*, Paris, Alcan, 1897.

DEDOPULOS Tim, *The Brotherhood: Inside the secret world of the Freemasons*, Wiking, Penguin Books, 2006

DEVILLIERS P. *Français at Annamites, Partenares ou ennemis?* 1856-1902

FERRY J. *Le Tonkin et la Mère-Patrie, témoignages et documents*, Victor Havard éditeur, Paris, 1890.

G.TANIULET, *La geste française en Indochine*, 2 vol., Paris, Andrien-Maisoneuve, 1955.

GALCERAN Sébastien, *Les Franc-Maçonneries*. La Découverte, 2004.

GARDNER Laurence, *The shadow of Solomon*, Harper Element, 2005.

H.LABOURET, *Colonisation, Colonialisme, Décolonisation*, Paris, Larose, 1952.

HARWOOD Jeremy, The Secret of Freemasonry, Lorenz Books, 2006.

KNIGHTS Christopher & LOMAS Robert, *The Hiram Key*, Fair Wind Press, Massachusetts, 2001.

L.D.COOPER Robert, *Cracking the freemason's codes: The truth about Solomon's key and the brotherhood*, Atria Books. New York, 2007.

LAZAR AM Peter, *it's no secret, Real Men Wear Aprons, The story of Freemason in Australia*, Griffin Press, 2009.

LES ARCHIVES DE LA GRANDE LOGE DE FRANCE, Paris, France

LIGOU Daniel, *Histoire des Franc-Maçons de 1815 à nos jours*, Presses Universitaires, 1967

MacKENZIE, Norman, *Secrets Societies*, Holt Rinehart & Winston. London, 1968.

MacNULTY W. Kirk, Freemasonry, *A journey through Ritual and Symbol*, Thames and Hudson, 1993

MacNULTY W. Kirk, *La Franc-Maçonnerie, les symbols, secrets et significations*, Seuil, 1993.

MAYER Charles, *La vie quotidiene des Français en Indochine* 1860-1910, Hachetter, 1985.

PALOU Jean, *La Franc-Maçonnerie*, Payot, 1977.

ROBERTSON Alexander, *The life of Sir Robert Moray*, Longmans. Green and Co.., 1922.

TRẦN TRỌNG KIM *Việt Nam sử lược*, Trung Tâm học liệu-Bộ Giáo Dục, 1971.

TRƯƠNG BẮ CÀN, chủ biên, *Lịch sử phát triển công giáo Việt Nam*, tập 1, nxb Tôn Giáo, 2008.

ANNEXE

LISTE DES GOUVERNEURS GENERAUX EN INDOCHINE

(FM = Franc-maçon)

Ernest Constans, mandat 16/11/1887-04/1888, FM

Etienne Antoine Guillaume Richaud, 04/1888-31/05/1889.

Jules Georges Piquet (trois mandats) 1/05/1889-04/1891.

Bideau (*par intérim*-temporaire), 04/1891--06/1891, (FM)

Jean -Marie de Lanessan, mandat 06/1891--31/12/1894, (FM)

Léon Jean Laurent Chavassieux, mandat 03/ 1894--10/ 1894.

François Pierre Rodier, (*par intérim*), 12/1894--02/ 1895.

Paul Armand Rousseau, mandat 02/1895-- 10 /12/1896 (FM)

Augustin Juline Fourès, (*par intérim*), từ 12/1896 đến 130/2/1897.

Paul Doumer, mandat du 13 fev 1897 de l'octobre 1902, (FM)

Jean Baptiste Paul Beau, mandat 10/ 1902 –02/ 1907. (FM)

Louis Alphonse Bonhoure, (*par intérim*) 18/02/1907--9 /1908.

Antony Wladislas Klobukowski, mandat 9/ 1908—01/1910. (FM)

Albert Jean George Marie Louis Picquier, (*par intérim*) janvier 1910 au février 1911.

Paul Louis Luce mandat 02/1911--11/1911.

Albert Sarraut, mandat 11/1911--11/1914. (FM)

Joost van Vollenhoven, (*par intérim*), 01/1914—7/4 /1915.

Ernest Nestor Roume, mandat 4/1915--5/1916 (FM)

Jean Eugène Charles, (*par intérim*), 5/ 1916--01/1917.

Albert Sarraut, mandat 01/1917—Mai 1919. (FM)

Maurice Antoine François Montguillot, (*par intérim*-temporaire), 5/1919--02/1920.

Maurice Long, mandat 02 /1920--4/1922. (FM)

François Marius Baudoin, (*par intérim*), 4/1922--8/ 1922.

Martial Henri Merlin, 8/1922—4/1925, TĐ. (FM)

Maurice Antoine François Montguillot, 4/1925--11/1925.

Alexandre Varenne, mandat 18/11/1925--1/1928, (FM)

Maurice Antoine François Montguillot, 02 /1928--8/ 1928.

Pierre Marie Antoine Pasquier, 22/8/1928--15/1/1934, (FM)

lugène Jean Louis René Robin, 15/1/1934--9/1936.

Jules Brévié, mandat 9/1936--23/8/1939. (FM)

Georges Catroux, (*par intérim*), 23/8/1939--25/6/1940, (FM)

Jean Decoux, mandat 25/6/1940--9/3/1945, (FM)

LISTE DES HAUTS COMMISSAIRES ET COMMISSAIRES GÉNÉRAUX EN INDOCHINE

HAUTS COMMISSAIRES

Jean Cédile, (*par intérim*), 23/9/1945--5/10//1945.

Philippe de Hauteclocque dit Leclerc, (*par intérim*) 5/g 10/1945--31/10/1945. FM

Georges Thierry d'Argenlieu, du 31/10/1945 au 1/04/ 1947. FM

Émile Bollaert, du 01/04/1947 au 11/10/ 1948. FM

Léon Marie Adolphe Pascal Pignon, 20/10/ 1948--17/12/1950.

Jean de Lattre de Tassigny 17/12/1950 đến 11/01/1952, FM

Jean Letourneau, 01/04/1952--28/07/1953. FM

COMMISSAIRES GÉNÉRAUX

Jean Letourneau, du 27/04/1953 au 28 /07/1953, FM

Maurice Dejean, du 28/07/1953 au 10 /04/1954. FM

Paul Ély, du 10/04/1954 au 04/1955. FM

Henri Hoppenot, de l'avril 1955 au 21/07/1956. FM

LISTE DES COMMANDANTS EN CHEFS EN INDOCHINE

(1858-1879)

Charles Rigault de Genouilly, 9/1858--1859, Tourane (Đà Nẵng). FM

Théogène François Page 19/10/1859-- 23/03/1860, FM

Charles Rigault de Genouilly, 18/02/1859--1859. FM

Jean Bernard Jauréguiberry (*par intérim*), 1859-- 3/1860, FM

Théogène François Page, 03/1860--06/02/1861. FM

Joseph Hyacinthe Louis Jules d'Ariès (thay Théogène François Pages) 01/04/1860--đến 06/02/1861.

Léonard Victor Joseph Charner, 02/1861 - 30/11/1861.

Louis Adolphe Bonard, 30/11/1861 - 16/10/1863. FM

Pierre-Paul de La Grandière, 16/10/1863 - 04/04/1868. FM

Marie Gustave Hector Ohier, 04/04/1868 - 10/12/1869. FM

Joseph Faron, *par intérim*, 10/12/1869-09/01/1869.

Alphonse Jean Claude René, 09/01/1870 - 01/04/1971.

Théodore de Cornulier-Lucinière, 09/01/1870 - 01/04/1871.

Marie Jules Dupré, 04/1871-- 16/03/1874.

Jules François Émile Krantz (*par intérim*), 16/03/1874 - 30/11/1874. FM

Victor Auguste, Baron Dupérré, 30/11/1874 - 16/10/1877.

Louis Charles Georges Jules Lafont, du 16/10/1877 au 07/07/1879.

TABLE DES MATIERES

LES VIETNAMIENS ET LA FRANC-MAÇONNERIE EN INDOCHINE 7

Préface 9

PREMIÈRE PARTIE :
QUELQUES NOTIONS SUR LA FRANC-MAÇONNERIE 11
I.1 POURQUOI CETTE DENOMINATION EN VIETNAMEN "TROIS POINTS " 11
I.2.LOGO. 13
1.3.LA FRANC-MAÇONNERIE (FM) ET LE PARTI COMMUNISTE (PC) 15
I.4. LA SELECTION ET LE CONFLIT DANS L'INTELLIGENTSIA INDOCHINOISE 23
I.4.1 Le conflit culturel 23
I.4.2. ARMES MULTI-CULTURELLES. 28

PARTIE II :
LOGES DE LA FRANC-MAÇONNERIE EN INDOCHINE 33
1. LA SITUATION GÉNÉRALE 33
2- LES LOGES MAÇONNIQUES INDOCHINOISES 35
3- LISTE DES LOGES MAÇONNIQUES EN INDOCHINE 45

PARTIE III
COMPOSITION DE LA FRANC-MAÇONNERIE INDOCHINOISE 57
III.1. Avocat-fonctionnaires 60
III.2. EDUCATION 69
III.3. PROFESSION LIBÉRALE. 79
III.4. MÉDECINE 97
III.5. AUTRES SCIENCES 113
III.6. MILITAIRES FRANÇAIS 122
III.7. LE CAODAISME 126
III.7.1. LA NAISSANCE DU CAODAISME 127
III.7.2. Les Franc-maçons et le caodaïsme 130
III.7.3. LES DIGNITAIRES CAODAISTES 139

PARTIE IV.
ENGAGEMENT POLITIQUE 151
IV.1. GOUVERNEMENT PROVISOIRE 151
IV.2. GOUVERNEMENT 155

PARTIE V
GLORIFICATION 157
V.1. GLORIFICATION DE LA RELIGION 157
V.2. LA GLORIFICATION A TRAVERS LES NOMS DES RUES .. 168
V.2.1. AVANT 1975 168
V.2.2. GLORIFICATION PAR LES NOMS DE RUES APRÈS 1975 173
V.3. GLORIFICATION AU VIETNAM 182
V.3.1. HOÀNG MINH GIÁM. 182
V.3.2. PHẠM NGỌC THẠCH. 183
V.3.3.TRỊNH ĐÌNH THẢO 185
V.3.4. TẠ THU THÂU 186
V.3.5. CAO TRIỀU PHÁT 186

EN GUISE DE CONCLUSION 191
BIBLIOGRAPHIE 195
ANNEXE 197
TABLE DES MATIERES 201

Structures éditoriales du groupe L'Harmattan

L'Harmattan Italie
Via degli Artisti, 15
10124 Torino
harmattan.italia@gmail.com

L'Harmattan Hongrie
Kossuth l. u. 14-16.
1053 Budapest
harmattan@harmattan.hu

L'Harmattan Sénégal
10 VDN en face Mermoz
BP 45034 Dakar-Fann
senharmattan@gmail.com

L'Harmattan Cameroun
TSINGA/FECAFOOT
BP 11486 Yaoundé
inkoukam@gmail.com

L'Harmattan Burkina Faso
Achille Somé – tengnule@hotmail.fr

L'Harmattan Guinée
Almamya, rue KA 028 OKB Agency
BP 3470 Conakry
harmattanguinee@yahoo.fr

L'Harmattan RDC
185, avenue Nyangwe
Commune de Lingwala – Kinshasa
matangilamusadila@yahoo.fr

L'Harmattan Congo
219, avenue Nelson Mandela
BP 2874 Brazzaville
harmattan.congo@yahoo.fr

L'Harmattan Mali
ACI 2000 - Immeuble Mgr Jean Marie Cisse
Bureau 10
BP 145 Bamako-Mali
mali@harmattan.fr

L'Harmattan Togo
Djidjole – Lomé
Maison Amela
face EPP BATOME
ddamela@aol.com

L'Harmattan Côte d'Ivoire
Résidence Karl – Cité des Arts
Abidjan-Cocody
03 BP 1588 Abidjan
espace_harmattan.ci@hotmail.fr

Nos librairies en France

Librairie internationale
16, rue des Écoles
75005 Paris
librairie.internationale@harmattan.fr
01 40 46 79 11
www.librairieharmattan.com

Librairie des savoirs
21, rue des Écoles
75005 Paris
librairie.sh@harmattan.fr
01 46 34 13 71
www.librairieharmattansh.com

Librairie Le Lucernaire
53, rue Notre-Dame-des-Champs
75006 Paris
librairie@lucernaire.fr
01 42 22 67 13